GUERRE D'ESPAGNE

EXTRAIT DES SOUVENIRS INÉDITS

DU

GÉNÉRAL JOMINI

(1808-1814)

PAR

Ferdinand LECOMTE

Colonel fédéral suisse,

Membre honoraire de l'Académie Royale des Sciences Militaires de Suède

PARIS
LIBRAIRIE MILITAIRE DE L. BAUDOIN & Cⁱᵉ
30, Rue et Passage Dauphine

1892

Tous droits réservés

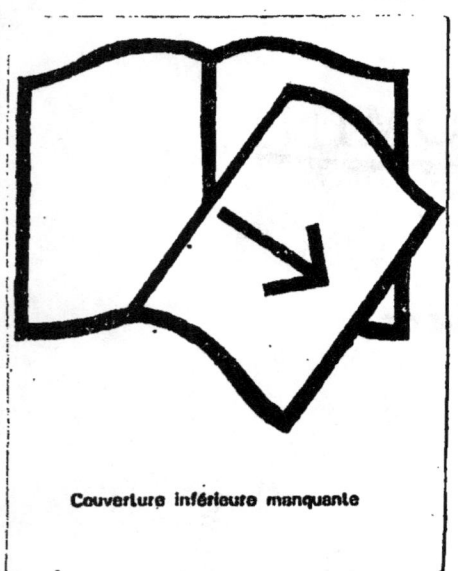
Couverture inférieure manquante

Début d'une série de documents en couleur

REVUE MILITAIRE SUISSE

paraît à Lausanne vers le 15 de chaque mois

PAR LIVRAISONS D'AU MOINS 48 PAGES

La collection complète de l'année forme un vol. d'environ 600 p. avec planches, cartes et croquis.

PRIX DE L'ABONNEMENT

Pour la Suisse, par an, 7 fr. 50. — Pour les pays de l'Union postale, 10 francs.

Tout ce qui concerne la Rédaction et l'Administration doit être adressé au *Bureau de la « Revue Militaire Suisse »*, imprimerie A. BORGEAUD, Cité-Derrière, 26, Lausanne.

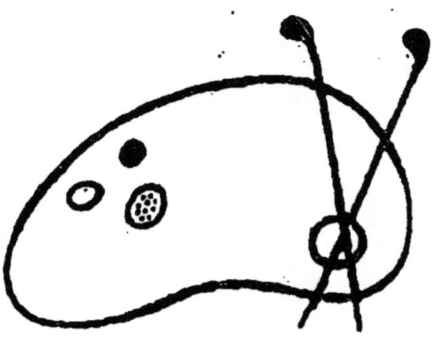

Fin d'une série de documents en couleur

GUERRE · D'ESPAGNE

LAUSANNE. — IMPRIMERIE ADRIEN BORGEAUD

GUERRE D'ESPAGNE

EXTRAIT DES SOUVENIRS INÉDITS

DU

GÉNÉRAL JOMINI

(1808-1814)

PAR

Ferdinand LECOMTE
Colonel fédéral suisse,

Membre honoraire de l'Académie Royale des Sciences Militaires de Suède.

PARIS
LIBRAIRIE MILITAIRE DE L. BAUDOIN & Cie
30, Rue et Passage Dauphine
—
1892
Tous droits réservés.

GUERRE D'ESPAGNE

Extrait des Souvenirs inédits

DU

GÉNÉRAL JOMINI[1]

(1808-1814)

INTRODUCTION

Tout s'enchaîne si intimement dans les grandes guerres de la Révolution française, du Consulat et de l'Empire, surtout depuis la période napoléonienne ouverte par les importantes victoires de 1796-1797, qu'il n'est point aisé d'attribuer une date

---

[1] Le général Jomini a laissé, pour ses enfants, des *Souvenirs* en dix cahiers que sa famille a bien voulu me confier. J'en ai extrait le récit des campagnes de 1812-1814, publié il y a cinq ans. J'en extrais aujourd'hui ce qui a trait à la *Guerre d'Espagne*, en y ajoutant une Introduction, quelques notes complémentaires ou explicatives et un appendice.
Pour les autres détails biographiques sur Jomini, antérieurs et postérieurs à la période de la guerre d'Espagne, je m'en réfère à mon volume: *Le général Jomini, sa vie et ses écrits*, dont la 3e édition a paru à Lausanne en 1888.

Lausanne, Août 1891.   F. LECOMTE, colonel.

fixe à l'origine de la Guerre d'Espagne et de préciser ses causes immédiates.

Quelques historiens la font remonter, avec beaucoup de raison, aux traités de Tilsitt, de juillet 1807, où les deux plus grands souverains de l'époque, Napoléon et Alexandre, entreprirent de se partager l'autorité de l'Europe pour amener l'Angleterre à tenir moins égoïstement le sceptre des mers.

D'autres la rattachent à l'invasion du Portugal en 1801, dont elle ne serait que la suite logique.

D'autres enfin, et notamment M. Thiers, dont l'avis en la matière est de poids, n'entendent pas remonter si haut; ils n'attribuent la Guerre d'Espagne qu'à l'occasion qui s'offrit à Napoléon, bon chef de famille s'il en fût, par les démêlés intimes de la cour d'Espagne, de caser un des siens, son frère Joseph, sur un beau trône, et de reprendre pour sa dynastie le doux rêve des Bourbons; visées auxquelles il aurait été poussé surtout par Talleyrand, alors en quête d'importance politique pour sa récente et haute sinécure de vice-grand-électeur.

Quoiqu'il en soit de ces diverses vues, toutes justifiables suivant le point d'où l'on considère les événements, et d'ailleurs de nature à s'additionner plutôt qu'à s'exclure, une chose reste certaine. C'est que la Guerre d'Espagne, ou plutôt de la Péninsule Ibérique, continuait la série de toutes les luttes antérieures contre l'Angleterre, laquelle dominait d'autant plus sur les mers que les Français étaient plus victorieux sur le continent, et qu'en remontant même jusqu'à sa victoire navale de La Hogue, en 1692, on n'irait pas trop haut. Comme en Egypte, comme en Hollande, comme au camp de Boulogne, c'est l'Angleterre, narguant sa toute-puissance continentale, que Napoléon visait au-delà des Pyrénées.

Certes, on ne peut nier que les arrangements de Tilsitt n'aient avancé considérablement sa besogne dans ce sens, et qu'il n'y ait reçu carte blanche de son allié à l'égard du Portugal, en échange de pleins pouvoirs analogues laissés à la Russie quant à la Suède.

Mais l'action prévue sur le Portugal, quoique rentrant nécessairement et pour une large part dans les grandes représailles du blocus continental, n'était qu'une petite affaire au milieu de toutes celles qu'embrassaient les importants traités de 1807. Pour en bien juger et pour s'orienter dans la période historique qui s'ouvre en 1808, il n'est pas inutile de se remémorer la substance des fameux arrangements, tant publics que secrets, sortis des conférences du Niémen.

Voici le résumé qu'en donne M. Thiers dans sa belle histoire du Consulat et de l'Empire, livre 27° :

Le traité, conclu le 7, fut signé le 8, et prit le titre, demeuré célèbre, de TRAITÉ DE TILSIT.

Il y eut trois genres de stipulations :

Un traité patent de la France avec la Russie, et un autre de la France avec la Prusse ;

Des articles secrets ajoutés à ce double traité ;

Enfin un traité occulte d'alliance offensive et défensive entre la France et la Russie, qu'on s'engageait à envelopper d'un secret absolu, tant que les deux parties ne seraient pas d'accord pour le publier.

Les deux traités patents entre la France, la Russie et la Prusse, contenaient les stipulations suivantes :

Restitution au roi de Prusse, *en considération de l'empereur de Russie,* de la vieille Prusse, de la Poméranie, du Brandebourg, de la haute et basse Silésie ;

Abandon à la France de toutes les provinces à la gauche de l'Elbe, pour en composer, avec le grand-duché de Hesse, un royaume de Westphalie, au profit du plus jeune des frères de Napoléon, le prince Jérôme Bonaparte ;

Abandon des duchés de Posen et de Varsovie, pour en former un Etat polonais, qui, sous le titre de grand-duché de Varsovie, serait attribué au roi de Saxe, avec une route militaire à travers la Silésie, qui donnât passage d'Allemagne en Pologne ;

Reconnaissance par la Russie et par la Prusse de Louis Bonaparte en qualité de roi de Hollande, de Joseph Bonaparte en qualité de roi de Naples, de Jérôme Bonaparte en qualité de roi de Westphalie ; reconnaissance de la Confédération du Rhin, et en général de tous les Etats créés par Napoléon;

Rétablissement dans leurs souverainetés des princes d'Oldenbourg et de Mecklembourg, mais occupation de leur territoire par les troupes françaises, pour l'exécution du blocus continental;

Enfin, médiation de la Russie, pour rétablir la paix entre la France et l'Angleterre;

Médiation de la France, pour rétablir la paix entre la Porte et la Russie.

Les articles secrets contenaient les stipulations suivantes :

Restitution aux Français des bouches du Cattaro;

Abandon des Sept-Iles, qui devaient désormais appartenir à la France en toute propriété;

Promesse à l'égard de Joseph, déjà reconnu roi de Naples dans le traité patent, de le reconnaître aussi roi des Deux-Siciles, quand les Bourbons de Naples auraient été indemnisés au moyen des Baléares, ou de Candie;

Promesse, en cas de réunion du Hanovre au royaume de Westphalie, de restituer à la Prusse, sur la gauche de l'Elbe, un territoire peuplé de 300,000 ou 400,000 habitants;

Traitements viagers enfin, assurés aux chefs dépossédés des maisons de Hesse, de Brunswick, de Nassau-Orange.

Le traité occulte, le plus important de tous ceux qui étaient signés dans le moment, et qu'on se promettait d'envelopper d'un secret inviolable, contenait l'engagement, de la part de la Russie et de la France, de faire cause commune en toute circonstance, d'unir leurs forces de terre et de mer, dans toute guerre qu'elles auraient à soutenir; de prendre les armes contre l'Angleterre, si elle ne souscrivait pas aux conditions que nous avons rapportées, contre la Porte si celle-ci n'acceptait pas la médiation de la France, et, dans ce dernier cas, de *soustraire,* disait le texte, *les provinces d'Europe aux vexations de la Porte, excepté Constantinople et la Roumélie.* Les deux puissances s'engageaient à sommer en commun la Suède, le Danemark, le Portugal, l'Autriche elle-même, de concourir aux projets de la France et de la Russie, c'est-à-dire de fermer leurs ports à l'Angleterre, et de lui déclarer la guerre.

Les deux Etats ne pouvaient pas se lier d'une manière plus intime et plus complète. Le changement de politique de la part d'Alexandre ne pouvait être ni plus prompt, ni plus extraordinaire.

La signature donnée par les Russes, entraînant celle des Prussiens, causa à ces derniers une vive émotion. La reine de Prusse voulut partir immédiatement. Après avoir, comme de coutume, dîné le 8 chez Napoléon, après lui avoir adressé quelques plaintes remplies de fierté, et quelques-unes à Alexandre remplies d'amertume, elle sortit, accompagnée par Duroc qui n'avait cessé de lui porter un vif attachement, elle se jeta dans sa voiture en sanglotant. Elle repartit de suite pour Memel.

Alexandre, débarrassé d'amis malheureux, dont la tristesse lui pesait, se livra tout entier à l'enthousiasme de ses nouveaux projets. Il était vaincu, mais ses armées s'étaient honorées; et au lieu d'essuyer des pertes à la suite d'une guerre où il n'avait eu que des revers, il quittait Tilsitt avec l'espérance de réaliser prochainement les grands desseins de Catherine.

Le 9 juillet, lendemain même de la signature des traités, eurent lieu l'échange solennel des ratifications et la séparation des deux souverains. Napoléon, portant le grand cordon de Saint-André, se rendit à la demeure qu'occupait Alexandre. Il fut reçu par ce prince, qui portait le grand cordon de la Légion d'honneur, et avait autour de lui sa garde sous les armes. Les deux empereurs, ayant échangé des ratifications, montèrent à cheval, et vinrent se montrer à leurs troupes. Napoléon demanda qu'on fît sortir des rangs le soldat de la garde impériale russe réputé le plus brave, et lui donna lui-même la croix de la Légion d'honneur. Puis, après s'être longtemps entretenu avec Alexandre, il l'accompagna vers le Niémen. L'un et l'autre s'embrassèrent une dernière fois, au milieu des applaudissements de tous les spectateurs, et se séparèrent. Napoléon resta au bord du Niémen jusqu'à ce qu'il eût vu son nouvel ami débarquer sur l'autre rive. Il se retira seulement alors, et, après avoir fait ses adieux à ses soldats, qui par leur héroïsme avaient rendu possible tant de merveilles, il partit pour Kœnigsberg, où il arriva le lendemain 10 juillet.

Il régla dans cette ville tous les détails de l'évacuation de la Prusse, et chargea le prince Berthier d'en faire le sujet d'une convention, qui serait signée avec M. de Kalkreuth. Les bords du Niémen devaient être évacués le 21 juillet, ceux de la Prégel le 25, ceux de la Passarge le 20 août, ceux de la Vistule le 5 septembre, ceux de l'Oder le 1er octobre, ceux de l'Elbe le 1ᵉʳ novembre, à condition toutefois que les contributions dues par la Prusse, tant les contributions ordinaires que les contributions extraordinaires, seraient intégralement acquittées ou en espèces, ou en engagements acceptés par l'intendant de l'armée. Il y en avait pour cinq ou six cents millions.

Napoléon distribua l'armée en quatre commandements, sous les maréchaux Davoust, Soult, Masséna et Brune. Le maréchal Davoust avec le troisième corps, les Saxons, les Polonais, et plusieurs divisions de dragons et de cavalerie légère, devait former le premier commandement, et occuper la Pologne jusqu'à ce qu'elle fût organisée. Le maréchal Soult avec le quatrième corps, la réserve d'infanterie qui avait appartenu au maréchal Lannes, une partie des dragons et de la cavalerie légère, devait former le second commandement, occuper la vieille Prusse de Kœnigsberg à Dantzig, et se charger de tous les détails de l'évacuation. Le maréchal Masséna avec le cinquième corps, avec les troupes des maréchaux Ney et Mortier, avec la division bavaroise de Wrède, devait former le troisième commandement, et occuper la Silésie jusqu'à l'évacuation générale. Enfin le maréchal Brune, formant le quatrième commandement avec toutes les troupes laissées sur les derrières, avait mission de veiller sur les côtes de la Baltique, et, si les Anglais y paraissaient, de les recevoir comme il les avait autrefois reçus au Helder. La garde, et le corps de Victor, autrefois de Bernadotte, furent acheminés sur Berlin.

Napoléon partit de Kœnigsberg le 13 juillet, se rendit tout droit à Dresde, pour y passer quelques jours auprès de son nouvel allié le roi de Saxe, créé grand-duc de Varsovie, et convenir avec lui de la constitution à donner aux Polonais. Napoléon le quitta pour rentrer dans Paris, qui l'attendait impatiemment, et qui ne l'avait pas vu depuis près d'une année. Il y arriva le 27 juillet, à six heures du matin.

Jamais plus d'éclat n'avait entouré la personne et le nom de Napoléon; jamais plus de puissance apparente n'avait été acquise à son sceptre impérial. Du détroit de Gibraltar à la Vistule, des montagnes de la Bohême à la mer du Nord, des Alpes à la mer Adriatique, il dominait, ou directement ou indirectement, ou par lui-même ou par des princes qui étaient, les uns ses créatures, les autres ses dépendants. Au delà se trouvaient des alliés, ou des ennemis subjugués, l'Angleterre seule exceptée. Ainsi le continent presque entier relevait de lui, car la Russie, après lui avoir résisté un moment, venait d'adopter ses desseins avec chaleur, et l'Autriche se voyait contrainte de les laisser accomplir, menacée même d'y concourir. L'Angleterre enfin, garantie de cette vaste domination par l'Océan, allait être placée entre l'acceptation de la paix, ou une guerre avec l'univers.

Tels étaient les dehors de cette puissance gigantesque: ils avaient de quoi éblouir la terre, et en effet ils l'éblouirent! mais la réalité était moins solide qu'elle n'était brillante.

Comme on le voit, il n'était pas question de l'Espagne dans les actes de Tilsitt.

C'eût été superflu et en outre monstrueux.

Car l'Espagne, bien qu'elle eût quelque peu montré les dents avant Iéna, était redevenue, aussitôt après la bataille, l'alliée fidèle de la France, comme au temps du pacte de famille de 1762 et du traité de St-Ildefonse. Depuis quelque mois elle était même alliée co-militante de l'empire français en Allemagne, lui fournissant le beau corps d'armée de La Romana pour l'occupation de la Prusse [1].

En 1807 il ne s'agissait donc pour Napoléon que d'amener le Portugal, de gré ou de force, à fermer ses côtes aux Anglais, qui menaçaient d'y prendre par trop leurs aises depuis leur belle victoire navale de Trafalgar et qui bloquaient encore l'amiral français Rosily à Cadix.

---

[1] Dans son ouvrage cité, M. Thiers, livre 28e, parle comme suit du corps La Romana :

« Les Hollandais furent rapprochés de la Hollande, et portés sur l'Ems; les Espagnols occupèrent Hambourg. Ces derniers avaient franchi, les uns l'Italie, les autres la France, pour se rendre, à travers l'Allemagne, sur les côtes de la mer du Nord. Ils formaient un corps de 14,000 hommes, sous les ordres du marquis de La Romana. C'étaient de beaux soldats, au teint brun, aux membres secs, frissonnant de froid sur les plages tristes et glacées de l'Océan septentrional, présentant un singulier contraste avec nos alliés du Nord, et rappelant, par l'étrange diversité des peuples asservis au même joug, les temps de la grandeur romaine. Suivis de beaucoup de femmes, d'enfants, de chevaux, de mulets et d'ânes chargés de bagages, assez mal vêtus, mais d'une manière originale, vifs, animés, bruyants, ne sachant que l'espagnol, vivant exclusivement entre eux, manœuvrant peu, et employant une partie du jour à danser au son de la guitare avec les femmes qui les accompagnaient, ils attiraient la curiosité stupéfaite des graves habitants de Hambourg, dont les journaux racontaient ces détails à l'Europe étonnée de tant de scènes extraordinaires. »

A cet effet, Napoléon appuya ses demandes diplomatiques auprès du prince-régent par diverses mesures militaires qui ne pouvaient manquer d'être efficaces.

Il se mit en état d'avoir en quelques jours à Bayonne un corps de 25 mille hommes tout prêt à recommencer l'expédition de 1801 du général Leclerc.

Au moyen des camps formés sur les côtes pendant le siège de Dantzig et qui venaient d'être remplacés par cinq légions de réserve, à six bataillons chacune, sous les ordres de cinq anciens généraux devenus sénateurs, chargés de les organiser, il eut bientôt ses 25 mille hommes. Ils lui furent fournis par les trois camps de St-Lô, Pontivy et Napoléon-Ville, et il les répartit en trois divisions [1], qu'il munit d'artillerie amenée de Rennes et de Toulouse, et de cavalerie tirée de Versailles.

Le tout fut placé sous le commandement du général Junot, alors brillant gouverneur de Paris et précédemment ambassadeur à Lisbonne, qui connaissait bien le Portugal.

En même temps deux autres bataillons par légion de réserve furent formés, et tout ce qui restait disponible de la flotte dut se préparer à prendre la mer, de concert avec des bâtiments espagnols.

[1] Sous les généraux Laborde, Loison et Travot.

Le 17 octobre Junot franchit la frontière d'Espagne par Fontarabie, avec l'ordre de marcher le plus rapidement possible sur Lisbonne par Burgos, Valladolid, Salamanque, Ciudad-Rodrigo, Alcantara et la rive droite du Tage.

Un simple avis avait été donné à Madrid de ce passage des troupes françaises.

Un corps de 10 mille Espagnols, sous le général Solano, devait d'ailleurs joindre son action à celle du général Junot, en marchant par la rive gauche du Tage. Cette intervention commune en Portugal s'opérait d'accord entre les gouvernements de Paris et de Madrid, ensuite d'arrangements convenus à Fontainebleau, dont nous parlerons tout-à-l'heure.

En attendant que ces arrangements aient pu être précisés, ainsi que leurs bénéfices réciproques, et pour le cas où le Portugal résisterait avec quelque énergie, grâce aux secours des Anglais, Napoléon prépara une seconde armée destinée à seconder celle de Junot.

Toujours au moyen de ses cinq légions de réserve, appelées à fournir chacune deux à trois bataillons, il eut bientôt un solide noyau de nouvelle armée. Il l'arrondit de 4 bataillons suisses qui stationnaient à Rennes, à Boulogne, à Marseille, de deux bataillons de la garde de Paris rentrant de la Pologne, de trois autres bataillons tirés des garnisons de Cherbourg, de Grenoble, de Metz. Avec de l'artillerie, une quarantaine de bouches à feu, fournies par les dépôts ordinaires, et un peu de cavalerie, trop peu à la vérité, mais qui devait être complété par les arrivages de la Pologne, une seconde force d'environ 25 mille hommes se trouva concentrée à Bayonne vers la fin de novembre. Répartie en 3 divisions sous les généraux Barbou, Vedel et Malher, elle fut mise aux ordres du général de division Dupont, qui venait de s'illustrer dans la campagne précédente, notamment à Albeck, à Diernstein, à Halle, à Friedland. Napoléon lui destinait le bâton de maréchal, qu'il n'aurait pas de peine, après tant de hauts faits, de gagner dans cette facile campagne.

Hélas! Terrible loterie que celle de la gloire à la guerre!

Cette seconde armée, sous le général Dupont, prit d'abord le nom de second corps d'observation de la Gironde; le 1er corps étant fourni par l'armée de Junot.

Une force de 5 mille chevaux, en quatre brigades, réunies à Compiègne, à Chartres, à Orléans et à Tours, fut préparée pour renforcer, en cas de besoin, ces deux armées; le tout en vue d'attirer les Anglais à agir en masses dans ces parages.

Dans les entrefaites le gouvernement portugais

avait continué les négociations et s'était montré disposé à céder aux principales injonctions impériales.

Mais cela ne faisait plus le compte de Napoléon, qui avait résolu de s'approprier le Portugal, quitte à s'entendre ensuite avec l'Espagne.

Il ordonna donc à Junot de hâter sa marche et de n'écouter aucune proposition avant d'avoir occupé Lisbonne. L'essentiel était de fermer cette capitale aux Anglais, de saisir la flotte portugaise et le plus possible de matériel naval et de valeurs commerciales; il fallait aussi empêcher la cour de fuir au Brésil, comme elle en avait fait la menace, ou au moins réduire cette fuite à celle des seuls personnages éminents, sans les archives ni aucune des riches propriétés de l'Etat ou du haut commerce britannique.

L'armée de Junot marcha vite; mais les nouvelles sur son but réel marchèrent plus vite encore.

Une déclaration où l'on reconnaissait la plume impériale, prématurément insérée dans le *Moniteur* du 13 novembre 1807, et annonçant que la maison de Bragance avait cessé de régner sur le Portugal, fut connue à Lisbonne, par Londres et par mer, en huit jours.

Le prince-régent, tiré d'incertitude, décida l'émigration au Brésil sans attendre les troupes françaises.

Le 27 novembre, il s'embarqua, emmenant tout ce qu'il put de sa flotte, c'est-à-dire 8 vaisseaux, 3 frégates, 4 bricks et un trésor d'environ 500 millions de francs. Pendant deux jours les vents contraires le retinrent dans le Tage, tandis que l'avant-garde de Junot n'était plus qu'à deux lieues de Lisbonne. Quand elle y fit son entrée, le lendemain, elle ne put s'accorder que la minime satisfaction de faire tirer quelques inoffensifs coups de canon sur l'escadre par les batteries portugaises mêmes. Junot arrivait trop tard, malgré sa vaillante et persistante marche forcée.

De plus sa précipitation, stérile de résultats, fut doublement déplorable au point de vue militaire. Cette jeune armée, composée surtout de recrues, faillit périr d'inanition dans la contrée déserte d'Alcantara à Castelbranco et dans les montagnes qui séparent cette ville d'Abrantès. L'entrée à Lisbonne eut lieu à la débandade, avec environ 3 mille hommes seulement, qui ressemblaient plus à des spectres qu'à des conquérants. Ce spectacle de jeunes conscrits affamés ne donnait guère l'idée d'adversaires redoutables. Il fit sur les Portugais une première impression qui ne s'effaça jamais et qui ne contribua pas peu aux revers qui, plus tard, frappèrent les armées françaises.

De leur côté les Espagnols avaient rempli, et au-delà, les conditions du programme primitif. Non-seulement le corps de Solano avait pénétré par l'Alentejo à Evora et Setuval, mais une division sous le général Taranco avait pris possession du Douro, et une autre division, aux ordres du général Caraffa, avait suivi à Lisbonne l'armée du général Junot.

Ainsi le Portugal se trouvait occupé par les troupes franco-espagnoles.

Cela s'était fait sans résistance. Mais le gouvernement s'échappait et aucune capitulation, aucun traité, aucun arrangement légal n'avait pu être signé quant à l'avenir du pays.

Napoléon n'en demandait pas davantage, et s'il eût préféré capturer aussi le gouvernement et son trésor, y compris le matériel naval et les richesses des Anglais, il pouvait en somme être satisfait du résultat.

D'autres horizons s'ouvraient d'ailleurs pour lui en Espagne et sur les côtes de l'Atlantique, par les armements extraordinaires de la Grande-Bretagne, et comme ils pouvaient nécessiter d'autres opérations militaires, il avait avisé déjà, selon sa prudence habituelle, à toutes les exigences qui en résulteraient, sans désorganiser ses forces d'Allemagne et d'autres pays[1].

[1] La lettre ci-après de Napoléon à son frère Joseph donne un

Une nouvelle armée, c'est-à-dire une troisième armée, fut créée sous le nom de « Corps d'observation des côtes de l'Océan », d'environ 30 mille hommes, puisés dans les dépôts des régiments de la Grande-Armée stationnés sur le Rhin, de Bâle à Wesel. Les 48 dépôts de cette région fournirent 48 bataillons, soit 4 régiments provisoires, dont on forma, avec addition de batteries et de cavalerie, 3 divisions sous les généraux Musnier, Gobert et Morlot. Le commandement en chef fut confié au maréchal Moncey, qui avait jadis fait la guerre en Espagne.

Organisée à Metz, Sedan et Nancy, cette troi-

bref et fort intéressant tableau de l'état des forces de l'Empire à ce moment :

Fontainebleau, le 21 octobre 1807.

« Le grand besoin que j'ai d'établir le bon ordre dans mon état militaire, afin de ne pas porter le dérangement dans toutes mes affaires, exige que j'établisse sur un pied définitif mon armée de Naples et que je sache qu'elle est bien entretenue.

» Vous jugerez du soin qu'il faut que je prenne des détails, quand vous saurez que j'ai plus de 800,000 hommes sur pied.

» J'ai une armée encore sur la Passarge, près du Niemen ; j'en ai une à Varsovie ; j'en ai une à Berlin ; j'en ai une à Boulogne ; j'en ai une qui marche sur le Portugal ; j'en ai une seconde que je réunis à Bayonne ; j'en ai une en Italie ; j'en ai une en Dalmatie, que je renforce en ce moment de 6000 hommes ; j'en ai une à Naples. J'ai des garnisons sur toutes mes frontières de mer.

» Vous pouvez donc juger, lorsque tout cela va refluer dans l'intérieur de mes États et que je ne pourrai plus trouver d'*allégeance étrangère*, combien il sera nécessaire que mes dépenses soient sévèrement calculées.

» Vous devez avoir un inspecteur aux revues assez habile pour vous faire l'état de ce que doit coûter un régiment selon nos ordonnances. »

sième armée dut d'abord être transportée rapidement à Bordeaux, en majeure partie par des relais de charrettes. Mais les circonstances politiques tant générales qu'espagnoles s'étant modifiées, ces troupes marchèrent par étapes ordinaires.

Pendant que nous parlons des préparatifs militaires de Napoléon en vue des événements de la Péninsule Ibérique, disons dores et déjà, bien qu'en anticipation sur les faits diplomatiques et sur les décisions impériales qui en découlèrent, que la création des trois armées de Junot, de Dupont et de Moncey, fut bientôt suivie de la formation d'une nouvelle et quatrième armée sous Murat, à laquelle se rattachèrent encore une division des Pyrénées Occidentales sous le général Merle et une division des Pyrénées Orientales sous le général Duhesme, renforcée de la division italienne du général Lecchi.

Pendant que cette quatrième armée se formait, toujours par le motif ou sous le prétexte de secourir Junot menacé d'une descente des Anglais en Portugal, le corps de Dupont avait peu à peu franchi la frontière des Pyrénées pour s'établir d'abord à Vittoria, puis à Burgos, ligne d'étapes de Bayonne à Lisbonne, sur laquelle ne tarda pas à s'échelonner le corps de Moncey, derrière Dupont.

Ainsi vers la fin de l'année 1807 Napoléon n'avait pas moins d'une centaine de mille hommes dans la Péninsule ou près d'y pénétrer, y compris Junot déjà en Portugal, Dupont entre Burgos et Valladolid. Moncey, puis Murat allaient suivre sur la grande ligne d'étapes, comme on l'annonçait hautement.

Quant à la division Merle, elle se réunissait à St-Jean-Pied-de-Port, en face de la place espagnole de Pampelune, tandis que le corps de Duhesme se concentrait à Perpignan, pour pénétrer en Catalogne.

Chacun de ces deux corps des Pyrénées Occidentales et Orientales avait maintenant un but spécial, que l'état aigu auquel étaient arrivées les relations politiques entre les deux gouvernements de Paris et de Madrid explique suffisamment, sans le justifier toutefois, comme on va en juger.

L'Espagne de 1807 était affligée d'un gouvernement déplorable à tous égards. Son débonnaire roi Charles IV vivait sous le joug d'un triste entourage, notamment d'un indigne premier ministre, Emmanuel Godoï, prince de la Paix, devenu son parent par mariage et cumulant sur sa tête toutes les plus hautes fonctions civiles et militaires.

Au reste, on ne peut que s'en rapporter au tableau ci-après que M. Thiers fait « de cette cour dégénérée, dominée par un insolent favori, qui était parvenu à usurper en quelque sorte l'autorité royale, grâce à la passion qu'il avait inspirée vingt ans auparavant à une reine sans pudeur.

» S'il était en Europe un lieu fait pour présenter, dans tout ce qu'il a de plus hideux, le spectacle de la corruption des cours, c'était assurément l'Espagne. Derrière les Pyrénées, entre trois mers, presque sans communications avec l'Europe, à l'abri de ses armées et de ses idées, au milieu d'une opulence héréditaire, qui avait sa source dans les trésors du Nouveau-monde, et qui entretenait la paresse de la nation comme celle de ses princes; sous un climat ardent qui excite les sens plus que l'esprit, une vieille cour pouvait bien en effet s'endormir, s'amollir et dégénérer, entre un clergé intolérant pour l'hérésie mais tolérant pour le vice et une nation habituée à considérer la royauté, quoi qu'elle fît, comme aussi sacrée que la Divinité elle-même.

» Vers la fin du dernier siècle, un prince sage, éclairé, laborieux, et un ministre digne de lui, Charles III et M. de Florida-Blanca, avaient essayé d'arrêter la décadence générale, mais n'avaient fait que suspendre un moment le triste cours des choses. Sous le règne suivant, l'Espagne était descendue au dernier degré de l'abaissement, bien que les belles qualités de la nation ne fussent qu'engourdies.

» Le roi Charles IV, toujours droit, bien intentionné, mais incapable de tout autre travail que celui de la chasse, regardant comme un bienfait du ciel que quelqu'un se chargeât de régner pour lui ; son épouse, toujours dissolue comme une princesse romaine du Bas-Empire, toujours soumise à l'ancien garde-du-corps devenu prince de la Paix, et lui gardant son cœur tandis qu'elle donnait sa personne à de vulgaires amants que lui-même choisissait ; le prince de la Paix, toujours vain, léger, paresseux, ignorant, fourbe et lâche, manquant d'un seul vice, la cruauté, toujours dominant son maître en prenant la peine de concevoir pour lui les molles et capricieuse résolutions qui suffisaient à la marche d'un gouvernement avili ; le roi, la reine, le prince de la Paix avaient conduit l'Espagne à un état difficile à peindre.

» Plus de finances, plus de marine, plus d'armée, plus de politique, plus d'autorité sur les colonies prêtes à se révolter, plus de respect de la part d'une nation indignée, plus de relations avec l'Europe qui dédaignait une cour lâche, perfide et sans volonté ; plus même d'appui en France, car Napoléon avait été amené par le mépris à croire tout permis envers une puissance arrivée à cet état d'abjection : telle était l'Espagne en octobre 1807[1] ».

[1] *A. Thiers*. Histoire du Consulat et de l'Empire. Livre 28º.

La marine, jadis si réputée et régnant sur les deux mondes avec plus de 200 navires de guerre, avait complètement déchu ; le nombre des bâtiments n'atteignait pas à la moitié de ce qu'il était sous le règne précédent. Au point de vue de la qualité c'était pire encore. En somme, et bien que les états-majors se fussent plutôt augmentés, il n'y avait que 12 vaisseaux, dont 6 à Cadix et 6 à Carthagène en état d'activité, et une vingtaine de frégates dont 10 seulement pouvant prendre la mer. Les arsenaux tombaient en ruines. L'argent qui leur était destiné se perdait en dilapidations et en prodigalités de toutes espèces.

L'armée de terre, administrée à peu près à l'avenant, était pourtant en moins triste état. Elle comptait environ 100 mille hommes, dont 6 mille gardes, 11 mille Suisses, 2 mille Irlandais et 2 mille artilleurs étaient les meilleures troupes. En outre, 28 mille soldats de milice. La cavalerie, forte d'environ 15 mille hommes, très bien choisis, manquait de 8 à 9 mille chevaux. En revanche, l'état-major était innombrable et s'augmentait sans cesse, signe habituel des armées en décadence. Il y avait un généralissime — le prince de la Paix, naturellement, qui était aussi grand-amiral, — 5 maréchaux soit capitaines-généraux, 87 lieutenants-généraux, 127 maréchaux de camp, 252 brigadiers, et plus de

2 mille colonels, dont les trois quarts à titre honorifique, à disposition. Comme dans la marine, cet état-major dévorait toutes les ressources.

Les finances, ce nerf de la guerre, correspondaient à la situation pitoyable des forces de terre et de mer et servaient à l'expliquer. Délabrement complet, caisses vides, dettes criardes, pillage à tous les étages de la hiérarchie et surtout aux plus élevés.

Cet état de choses si lamentable s'aggravait encore de dissensions fâcheuses entre les membres de la famille royale, qui armaient le père contre le fils, le fils contre le père et avaient leurs contre-coups dans tout l'entourage du gouvernement.

Le fils aîné de Charles IV, prince des Asturies, plus tard Ferdinand VII, ne pouvait voir de bon œil la puissance grandissante du favori de sa mère. Excité dans cette animosité bien naturelle par sa femme, une princesse napolitaine, qui avait apporté à l'Escurial la haine mortelle qui divisait les deux maisons de Naples et d'Espagne, les jeunes époux, qui s'aimaient tendrement, constituaient toute une coterie à part, tout un petit gouvernement officieux en opposition avec celui de Godoï. L'opinion publique penchait contre ce dernier. Dans ces entrefaites, la princesse royale mourut et les rumeurs de cour ne manquèrent pas d'attribuer cette mort au poison, ce qui était faux. Médiocre d'esprit et de cœur,

Ferdinand, accueillant tout bruit conforme à ses passions haineuses, crut « avoir été privé, par un crime, de la femme qu'il aimait, et il imputait ce crime à sa mère ainsi qu'au favori adultère qui la dominait. On comprend tout ce qu'il devait fermenter de passions dans ces âmes vulgaires, ardentes et oisives. Le prince était gauche, faible et faux, doué pour tout esprit d'un certain entêtement. Mais, aux yeux d'une nation passionnée, ayant besoin d'aimer l'un de ses maîtres, et d'espérer que l'avenir vaudrait mieux que le présent, sa gaucherie passait pour modestie, sa sauvage tristesse pour le chagrin d'un fils vertueux, son entêtement pour fermeté, et, sur le bruit de quelque résistance opposée à divers actes du prince de la Paix, on s'était plu à lui prêter les plus nobles et les plus fortes vertus.

» Dans le courant de 1807, la nouvelle se répandit tout à coup que la santé du roi déclinait rapidement et que sa fin approchait. Les apparences en effet étaient alarmantes. Ce roi, honnête et aveugle, ne se doutait pas de toutes les bassesses qui à son insu déshonoraient son règne. Doué néanmoins d'un certain bon sens, il voyait bien qu'il y avait des malheurs autour de lui; car, quoi qu'on fît pour le tromper, la perte de la Trinité, le désastre de Trafalgar, le papier-monnaie substitué à l'argent, ne pouvaient pas prendre l'apparence de la prospérité et de la grandeur. Il accusait les circonstances et demeurait convaincu que, sans le prince de la Paix, tout serait allé plus mal. Au fond, il était triste et malade. On crut sa mort prochaine. La nation, sans lui vouloir du mal, vit dans cette mort la fin de ses humiliations; le prince des Asturies, la fin de son esclavage; la reine et Godoï, la fin de leur pouvoir. Pour ces derniers, c'était plus que le terme d'un pouvoir usurpé, c'était une catastrophe, car ils supposaient que le prince des Asturies se vengerait, et ils mesuraient cette vengeance à leurs propres sentiments...

» Divers moyens furent successivement imaginés par la reine et par le favori pour se garantir contre les dangers qu'ils prévoyaient. D'abord, ils songèrent à s'emparer du prince des Asturies et à lui faire contracter un mariage qui le plaçât sous leur influence. Pour l'accomplissement de ce dessein ils jetèrent les yeux sur dona Maria Theresa de Bourbon, sœur de dona Maria Luisa, princesse de la Paix. Ils pensèrent qu'en épousant cette infante, Ferdinand, devenu beau-frère d'Emmanuel Godoï, serait ou ramené ou contenu.

» Mais Ferdinand opposa à ce projet des refus invincibles et même outrageants : « Moi, dit-il, devenir beau-frère de Godoï, jamais! Ce serait un opprobre ! » Ces refus, exprimés en un tel langage, redoublèrent les anxiétés de la reine et du favori. Ils ne songèrent plus qu'à se prémunir contre les conséquences de la mort du roi, supposée alors beaucoup plus prochaine qu'elle ne devait l'être [1] ».

C'est alors que, d'un côté, tous les pouvoirs possibles furent accumulés sur la tête de Godoï, dans le présent et dans l'avenir, et que, d'autre part, Ferdinand, avec quelques hauts amis, notamment le duc de San Carlos, le duc de l'Infantado et le chanoine Escoïquiz, se mit en conspiration positive, bien qu'éventuelle seulement, contre le prince de la Paix et contre l'inamovibilité si bien préparée de sa puissance.

De part et d'autre, les deux partis recherchaient à l'envi la protection bienveillante de Napoléon et renchérissaient d'offres aussi humbles que sordides pour se l'assurer.

Point n'était besoin de l'œil d'aigle du grand empereur pour pénétrer ce triste état moral de la famille royale d'Espagne et constater le peu de fondement qu'il pouvait faire sur son caractère et sur son énergie pour l'associer à ses combinaisons de luttes à outrance contre l'Angleterre. Ayant besoin du territoire espagnol pour opérer en Portugal,

[1] *A. Thiers.* Histoire du Consulat et de l'Empire. Livre 28°.

il se persuada bien vite qu'il ne pouvait compter sur les services d'un tel allié que s'il était en mesure de lui donner des ordres au besoin et d'avoir des garanties à cet effet. De là cette création successive de trois armées derrière celle de Junot destinée au Portugal.

Après cela toutefois, il n'entrait pas dans les plans de Napoléon de rompre avec le gouvernement de Madrid, si méprisable qu'il le jugeât, ni avec les avances que lui faisait le prince des Asturies, car une rupture n'eût profité qu'aux Anglais. A ce moment il semblait plutôt enclin à se servir du gouvernement de fait et à le contenter le plus possible dans la personne de Godoy.

C'est ainsi que les négociations entamées pour l'intervention commune en Portugal aboutirent au traité de Fontainebleau, du 27 octobre 1807, par lequel Napoléon partageait avec l'Espagne la possession de ce pays, au gré de la famille royale et de son favori, tout en arrangeant les affaires impériales en Italie. La reine-régente d'Etrurie, fille chérie du roi et de la reine d'Espagne, veuve du prince de Parme et mère d'un roi de cinq ans, recevrait le royaume de la Lusitanie septentrionale, soit un territoire de 800,000 âmes, sur le Douro, avec Oporto comme capitale. Le prince de la Paix recevrait la principauté des Algarves, territoire de

400,000 âmes au sud du royaume; les deux principautés, qui seraient vassales de la couronne d'Espagne, représentaient la population de la Toscane, dont Napoléon disposait. Le destin du reste du Portugal serait tranché à la paix, le pays devant d'ailleurs être occupé en commun par les troupes françaises et espagnoles, sous le commandement supérieur de Junot. Charles IV serait, selon ses désirs, proclamé roi des Espagnes et empereur des Amériques.

Mais pendant que s'exécutaient, par anticipation, les dispositions du traité de Fontainebleau contre le Portugal, les rapports entre Charles IV et son fils Ferdinand s'étaient singulièrement aigris, puis envenimés au point d'aboutir à une violente crise. Godoï ayant appris que le prince des Asturies s'était mis en relations personnelles et secrètes avec Napoléon, qu'il lui avait même demandé la main d'une princesse quelconque de sa famille pour échapper au mariage qu'on voulait lui imposer à Madrid, se crut assez fort pour agir de rigueur et avec éclat. Il fit arrêter le prince royal, plus tard aussi ses hauts complices, pour crime de conspiration contre le trône.

L'éclat fut grand à la vérité. Le scandale ne fut pas moindre. Mais plus grande encore fut l'irritation de l'opinion publique contre le favori. De nombreuses manifestations se produisirent en faveur du prince royal devenu martyr.

Des deux côtés on recourut au grand empereur ; le père pour avoir ses bons conseils, le fils pour obtenir sa protection.

Napoléon, plutôt contrarié par ces invites qui devançaient et compliquaient ses projets de lutte à outrance contre l'ennemi principal, l'Angleterre, ne se pressa pas de répondre. Il partit pour l'Italie, où d'importantes choses étaient à régler, mais toujours plus convaincu qu'il s'était engagé dans la grosse affaire de la péninsule Ibérique de concert avec un gouvernement sans force et sans base solide ; qu'en conséquence le succès de cette immense entreprise ne dépendrait que de lui seul et des garanties réelles qu'il se procurerait lui-même.

Il en arriva peu à peu à considérer les arrangements de Fontainebleau, qui comportaient d'ailleurs moins de solutions réelles que d'ajournements, comme devant comprendre la cession à la France du territoire espagnol jusqu'à l'Ebre, en retour de la cession du Portugal à l'Espagne, l'éventualité d'une marche sur Madrid et Cadix dès la ligne d'étapes Bayonne - Valladolid - Salamanque - Lisbonne, aux abords du pont du Douro ; enfin l'occupation de quelques points importants dans la Navarre, dans l'Aragon, en Catalogne. Cela fait, on aurait le loisir de penser au reste, suivant les circonstances.

C'est dans ces prévisions qu'avaient été successivement créées et mobilisées, comme on l'a dit plus haut, les armées du général Dupont derrière celle de Junot, du maréchal Moncey derrière Dupont, et enfin celle qui marcherait sous Murat, y compris les divisions des Pyrénées occidentales et orientales, derrière Moncey. Leur mouvement en avant, en train déjà en décembre 1807 et janvier 1808, était expliqué aux curieux par la nécessité d'envoyer des renforts à Junot en Portugal et par les précautions à prendre en face des concentrations de troupes anglaises à Gibraltar, qui pourraient bien renouveler, à Cadix ou à Carthagènes, l'horrible attentat contre l'humanité qu'ils venaient de commettre à Copenhague en bombardant cette capitale pour s'emparer de la flotte danoise, quoique le Danemarck ne fût sorti en quoi que ce soit de la neutralité la plus stricte.

Nous ne relaterons pas ici la longue série des démêlés de la famille royale d'Espagne, des dissensions politiques, des intrigues à l'intérieur et à l'extérieur, qui s'ouvrit de plus belle avec le procès de haute trahison. Napoléon, loin de les exciter, comme on l'a dit, s'appliqua plutôt à les apaiser. recommandant au roi la clémence, à son fils la patience, aux uns et aux autres l'énergie et le relèvement de leur pays, afin de mieux concourir à la lutte entreprise en commun pour la liberté des mers.

Il nous suffira de dire que tandis que le procès de l'Escurial se terminait à la grande confusion de la cour, les troupes françaises s'avançaient de plus en plus dans la Péninsule sur la route de Lisbonne, qui était aussi en partie celle de Madrid, ainsi qu'en Catalogne, et que Napoléon, alors de retour d'Italie, paraissait décidé à laisser tomber, sinon renverser les Bourbons d'Espagne. Il pensait effrayer assez la cour de Madrid pour qu'elle imitât celle de Lisbonne et s'enfuît en Amérique.

A cet effet il ordonna, le 20 février, le départ de Murat pour Bayonne, où il devait être le 26 et prendre le commandement des troupes déjà en Espagne et de celles qu'on y acheminait encore. Ses instructions, absolument muettes sur la question politique, traitaient en détail les affaires militaires.

Le grand-duc de Berg devait notamment tenir ses divisions à portée les unes des autres, placer son quartier-général au milieu du corps du maréchal Moncey et l'établir à Burgos dans le commencement du mois de mars. Il marcherait ensuite vers Madrid avec le corps de Moncey par Aranda et Sommo-Sierra, tandis que Dupont s'y dirigerait par Ségovie et l'Escurial. Le 15 mars il devait être maître des deux passages du Guadarrama. Là, il attendrait des ordres ultérieurs de Paris. Ses troupes, pendant cette marche, seraient alimentées de Bayonne, où l'on fabriquait du biscuit en quantité suffisante pour que l'armée soit sûre de 15 jours de vivres.

En même temps, les places de Pampelune, de St-Sébastien, de Barcelone, seraient occupées avec leurs forts principaux.

La discipline et le bon ordre étaient sévèrement recommandés ainsi que le paiement régulier de la solde, afin que les soldats pussent payer comptant toutes leurs consommations.

Murat n'entrerait pas en relations directes avec la cour d'Espagne. Aux demandes de renseignements et d'explications qu'elle ferait relativement à ces opérations, il répondrait vaguement que l'occupation des places n'était que l'application de la règle ordinaire de guerre prescrivant d'assurer les derrières; il ferait allusion discrètement aux mesures de défense contre Gibraltar, de protection de Cadix, et s'en référerait d'ailleurs au but de Napoléon, connu sans doute de lui seul, comme d'habitude à l'entrée d'une campagne, mais qui ne pouvait qu'être avantageux à la cause commune.

Ainsi fut fait.

Le 10 mars Murat était à Tolosa, le 11 à Vittoria, le 15 à Burgos, partout bien reçu, mais avec quelques marques d'inquiétude.

Dans les derniers jours de février et les premiers jours de mars, les forts de Pampelune, St-Sébastien, Figuières, Barcelone, avaient été saisis par subterfuge, ce qui ne manqua pas d'inquiéter les officiers espagnols et de mécontenter l'opinion publique, déjà indisposée par divers incidents de cantonnements et par les dissensions politiques.

En résumé, tous les ordres impériaux furent exécutés avec une grande ponctualité par Murat. Il était cependant blessé d'en ignorer le but; mais il puisait sa consolation dans la pensée que sa propre personne, membre de la famille impériale, devait bien être pour quelque chose dans ce qui se tramait autour de ce trône chancelant et dans les mystères qu'on en faisait même au commandant supérieur des forces d'exécution.

Toutefois, les caresses de ce doux rêve ne pouvaient le contenir indéfiniment. Soit pour son propre compte, soit pour le compte de Godoï, avec lequel il avait noué d'intimes relations, il pressa Napoléon de questions sur le but final de ses opérations, en sollicitant instamment des instructions appropriées aux évènements politiques qui pouvaient surgir d'un jour à l'autre. Il y était d'autant plus fondé que dans son entourage espagnol on commençait à parler avec défaveur de cette invasion des troupes françaises. On trouvait qu'il y en avait un peu trop pour renforcer l'armée victorieuse du Portugal.

Impatienté de la curiosité de Murat, Napoléon lui adressa de Paris une de ces vertes réprimandes dont il avait le don spécial. Il réitérait ses ordres purement militaires et y ajoutait bientôt ceux de franchir le Guadarrama sur deux colonnes, Moncey par Sommo-Sierra, Dupont par Ségovie, de manière à être le 22 ou 23 mars sous les murs de Madrid. Il demanderait à se reposer dans la capitale avant de continuer sa route sur Cadix et enfoncerait les portes si on ne les lui ouvrait pas librement. Il s'efforcerait cependant d'éviter toute collision. En réserve sur ses derrières resterait Bessières avec une quinzaine de mille hommes. Il n'avait pas à traiter avec la cour d'Espagne, ni à s'occuper de politique. « Le reste, c'est-à-dire la politique, ne vous regarde pas, ajoutait-il en terminant la réprimande sus mentionnée, et si je ne vous en dis rien, c'est que vous ne devez rien savoir. »

Cela tournait au vaudeville, en attendant la tragédie. Murat se le tint pour dit, persuadé de plus en plus que tant de mystère n'avait pour but que de lui ménager une agréable surprise. Il exécuta d'autant mieux les ordres de l'empereur de descendre du Guadarrama sur Madrid.

Mais comme il se mettait en marche, la révolution de palais, qui couvait depuis longtemps sous la cendre, éclata à Aranjuez, résidence royale, et à Madrid les 18 et 19 mars.

Godoï, toujours plus alarmé des desseins mystérieux de Napoléon, qui ne répondait à aucune demande d'explications ni de mariage et qui venait de prendre possession, en son nom seul, du Portugal en frappant ce royaume d'une contribution de 100 millions de francs, avait décidé d'échapper à l'occupation française et de se retirer à Séville; une partie des forces d'occupation du Portugal s'y concentrerait, tandis que d'autres se replieraient sur le royaume de Léon. Les préparatifs de la cour pour ce départ avaient provoqué une émeute civile et militaire, qui, excitée par les partisans du prince des Asturies, s'aggrava promptement. Elle aboutit à toute une révolution aux cris de « Mort à Godoï ». Celui-ci put sauver sa vie en se cachant dans un grenier pendant deux jours ; mais le roi dut le révoquer de toutes ses dignités et le livrer à la justice; bientôt, pour échapper à d'autres exigences violentes, se croyant trahi et abandonné par la France, il se décida, la mort dans l'âme, à céder sa couronne au vainqueur, c'est-à-dire à son fils Ferdinand. L'abdication eut lieu le 19/20 mars.

Ces évènements, arrivant plus ou moins dénaturés à la connaissance de Murat, hâtèrent sa marche sur Madrid, où il fit son entrée solennelle le 23 mars. Il y trouvait un nouveau gouvernement, celui de Ferdinand VII, dont il reçut le meilleur accueil.

Cela ne faisait pas le compte de Murat, qui eût préféré une place vide. Son dépit, plus grand que son embarras, lui inspire une décision qui sera utile et appréciée par son maître. Il refuse de prendre sur lui, jusqu'à ordre supérieur, de reconnaître le nouveau roi. Bien plus, il amène l'ancien à revenir sur son abdication et à l'annuler, comme ayant été arrachée par la violence.

Arrivée à cet état aigu, la famille royale recourt, des deux côtés, comme précédemment, à Napoléon; elle y est d'ailleurs poussée, à divers titres, par les deux ambassadeurs français Beauharnais et Savary, ainsi que par Murat. On prie l'empereur de venir en Espagne arranger les choses au mieux; on ira à sa rencontre, à Valladolid, à Burgos, à Vittoria s'il le faut, même jusqu'à Bayonne.

Ainsi sollicité, Napoléon se rend à Bayonne, où il s'installe le 14 avril; il y attire ou fait venir de force toute la famille, y compris les infants et Godot, sorti de sa prison. Il y reçoit d'abord le roi Ferdinand le 20 avril, puis le roi Charles et la reine le 30 avril; il les amène successivement à abdiquer l'un et l'autre, envoie le père à Compiègne, le fils à

Valançay, chez M. de Talleyrand, chacun d'eux content que l'autre soit découronné. En même temps une espèce de junte de notables est appelée à se mettre en mesure de proclamer roi son frère Joseph, qui troquerait le trône de Naples contre celui de Madrid. Celui de Naples reviendrait ensuite à Murat, dont les beaux rêves seraient ainsi réalisés sans trop d'écart.

Mais cette odieuse machination, chef-d'œuvre à la fois de duplicité et d'abus de la force, ne se déroula pas d'un jour ; il y fallut trois mois, et malgré le secret dont on l'entoura, ses divers incidents transpirèrent peu à peu en Espagne, y provoquèrent une vive et légitime indignation, quoique encore contenue. Le peuple de Madrid, bien qu'il ne fût qu'incomplètement renseigné, n'y tint plus, quand il vit s'apprêter le départ des infants et la délivrance de l'odieux Godoï. S'insurgeant tout de bon, il se battit vaillamment pendant quelques heures contre les troupes de garnison de la capitale et des environs, mais dut céder à la canonnade et aux charges de cavalerie, le 2 mai, en laissant les rues jonchées d'un millier de cadavres.

Après cette facile et déplorable victoire, Murat s'occupa de bien s'installer à Madrid, en vue non simplement de s'y reposer, comme ses ordres primitifs le portaient, mais de prendre possession réelle de tout le pays. A cet effet il avait réussi à se faire nommer lieutenant-général du royaume par Charles IV et président de la junte de régence créée par Ferdinand VII au départ pour Bayonne. Ainsi il commandait toutes les troupes, tant françaises qu'espagnoles, et il pouvait en user comme s'il allait devenir le véritable souverain de droit autant qu'il l'était de fait. Les corps de Dupont et de Moncey furent disloqués en conséquence, mis en communication avec les troupes de Bessières plus en arrière et en rapports hiérarchiques avec les diverses divisions ou garnisons espagnoles.

Tandis que s'élaboraient ou, en partie, s'exécutaient ces mesures, politiques autant que militaires, qui ne feraient, croyait Murat, que préluder à son avènement, les nouvelles de Bayonne pénétraient plus complètes en Espagne. Déjà graves par elles-mêmes, elles s'aggravaient de ville en ville par de nombreuses et dramatiques exagérations. Ferdinand VII aurait été capturé à Vittoria et emmené prisonnier en France. Cela était faux, mais avait toutes les apparences de la vérité.

La consternation fit bientôt place à la colère dans tous les rangs du peuple espagnol. Sa fierté blessée le releva de son abattement, et la ferme volonté de ne pas souffrir plus longtemps de telles humiliations se manifesta de toutes parts. Des juntes de résistance se formèrent dans presque toutes les villes, en secret d'abord à Madrid même et au milieu des cantonnements français, publiquement dans toutes les villes non occupées. Partout on courut aux armes au nom de l'indépendance et de l'honneur des Espagnes.

Un centre militaire important se constitue à Séville, s'arrogeant les pouvoirs de Castille et des Indes. Il est obéi ou reconnu promptement à Valence, à Grenade, à Cordoue, à Cadix, où l'escadre française est capturée; à la Corogne, d'où l'on demande des secours à l'Angleterre; en Catalogne, où l'on propose pour roi d'Espagne l'habile archiduc Charles d'Autriche; à Saragosse, où l'on proclame commandant en chef le jeune et vaillant Palafox, échappé de Bayonne, où il avait accompagné Ferdinand VII. En deux mots, l'Espagne entière est en feu, montrant la plus grande énergie. Il faut ajouter, hélas! qu'à côté de ces manifestations d'un vif patriotisme, d'horribles excès se produisent. Les Français isolés, les Espagnols trop tièdes ou simplement trop prudents pour se mettre en guerre ouverte contre les troupes impériales, la plupart des capitaines-généraux et gouverneurs de provinces sont impitoyablement massacrés; parmi ces derniers on compte entr'autres le brave général Solano à Cadix, le général Filangieri en

Galice, le général Cevallos à Valladolid ; d'autres généraux, notamment Castanos et La Cuesta, sont obligés de se soumettre et de suivre coûte que coûte les nouvelles troupes qu'ils doivent commander.

L'élan belliqueux n'en était pas moins donné d'une manière irrésistible. Les forces espagnoles, plus ou moins organisées au moyen des anciens corps et de fraîches levées, rejoints par de nombreux déserteurs des régiments mêlés aux troupes françaises, allaient bientôt atteindre à une centaine de mille hommes, sans compter un nombre triple d'insurgés ou de milices locales. Une véritable armée se formait en Andalousie avec les troupes du camp de St-Roque et de Cadix.

L'empereur se hâta d'ordonner diverses mesures pour réprimer partout l'insurrection tant avec les corps à disposition de Murat qu'avec des renforts acheminés de France, lesquels compteraient d'anciens régiments rentrés d'Allemagne.

Un nouveau contretemps vint frapper les opérations ordonnées : Murat, mécontent, tombé gravement malade, demande instamment dans son délire à rentrer en France, ce qui ne peut être accordé sans détruire l'ombre d'autorité morale restant encore à Madrid. Sous le nom de Murat, c'est Belliard, en attendant Savary, qui dirige les mouvements de troupes. L'empereur les dicte de France, soit à Murat, soit à Bessières. Il importe surtout que ce dernier, toujours à Burgos, tienne ferme la région de la ligne de communications Bayonne-Madrid. Il y réussit, au prix de beaucoup d'activité et de nombreux combats locaux. Il bat, à Cabezon, les troupes de La Cuesta, les rejette sur Benavente et soumet Valladolid le 12 juin. Ses lieutenants n'ont pas moins de succès. Verdier reprend Logrogno, Lasalle brûle Torquemada, Merle écrase les insurgés de Santander et châtie cette ville.

En Aragon la besogne de répression est plus dure. Lefebvre-Desnouettes bat Palafox à Epila, mais échoue complètement devant Sarragosse hérissée de défenses. Il faut attendre un parc de siège ; dans cette région on peut attendre sans grands inconvénients.

Dans la région opposée, celle de l'Ouest, il n'en est pas de même. Toute une armée s'est constituée dans la Galice, munie de fusils anglais débarqués à Oviedo. Elle se concentre à Lugo sous les ordres de Blake. Débouchant de Lugo sur Astorga, elle se joindra aux forces de Cuesta sur l'Esla. Les deux corps réunis, montent à environ 35 mille hommes avec 30 canons, marchent sur Médina de Rio-Secco, menaçant ainsi la ligne de retraite française.

Renforcé de la division Mouton, le maréchal Bessières court résolument à l'ennemi, l'aborde le 14 juillet et lui inflige une sanglante défaite. Cette glorieuse journée de Medina, dans laquelle se distinguèrent surtout les généraux Guilleminot, Mouton et Lassalle, valut au vainqueur environ 4 mille prisonniers, 15 canons et beaucoup de drapeaux. En outre, elle assurait les derrières des corps de Madrid et au-delà vers le sud.

En même temps, le roi Joseph effectuait une marche censée triomphale de Bayonne à Madrid. Précédé d'une constitution, excellente d'ailleurs pour l'époque, adoptée le 6 juillet par la junte de Bayonne, il s'avançait lentement, au milieu d'une escorte de nouvelles troupes (brigade Rey), étant suivi d'une centaine de carrosses, où se prélassaient les dignitaires de récente création. Le 20 juillet, il faisait son entrée solennelle à Madrid.

Mais les opérations contre l'insurrection étaient loin d'être terminées. Si la région du Nord avait été soumise, les régions de l'est, de l'ouest et surtout du midi, n'avaient pas encore pu être abordées sérieusement.

A l'est, Sarragosse, malgré les renforts de matériel et de personnel arrivés aux assiégeants, sous les généraux Verdier et Lacoste, bravait tous les assauts. En Catalogne, Duhesme était presque bloqué à Barcelone; sa division Chabran, envoyée de

Tolose contre Valence, pour y agir de concert avec Moncey qui partirait de Madrid, n'avançait que péniblement et dut finalement s'estimer heureuse de pouvoir se replier sur ses précédentes positions.

De son côté Moncey s'était porté, avec environ 6 mille hommes, contre Valence. Après quelques succès contre le corps de Caro, il attaque la ville le 28 juin, mais, manquant de grosse artillerie, il fait inutilement de sérieuses pertes. Ne sachant rien de la division Chabran, il se retire à temps, avec autant d'adresse que de bonheur, et regagne Madrid.

Dupont, lancé sur Séville et Cadix, fut moins favorisé. Il avait affaire à rude partie, n'ayant avec lui qu'une de ses divisions, plus les deux régiments suisses au service d'Espagne de Preux et de Reding, qui lui étaient suspects, car les autres régiments suisses avaient passé, avec leurs camarades espagnols, à la cause de la junte de Séville sous leur compatriote d'origine, le général de Reding, gouverneur de Malaga. A la tête d'environ 8 mille hommes seulement, Dupont franchit la Sierra-Morena dans les premiers jours de juin et enlève aux bandes du général Etchevari le pont d'Alcolea sur le Guadalquivir, Andujar, puis Cordoue le 7 juin, après de sanglants combats. N'osant ensuite, vu ses fortes pertes par le feu et par la maladie, se lancer contre Séville devant des forces très supérieures à son faible effectif, il se replie sur Andujar, pour attendre des renforts promis. Là, il tiendra la ligne du Guadalquivir, particulièrement recommandée à son énergie. Il l'eût aussi bien tenue à Baylen, tout en assurant mieux ses derrières.

La division Vedel, envoyée pour le rejoindre, prend le contact le 30 juin à Baylen ; elle gardera, de concert avec les autres troupes de renfort du général Gobert, les défilés de la Sierra-Morena contre les partisans d'Etchevari. Dupont prend position à Andujar, attendant d'autres renforts encore pour agir offensivement, conformément à sa première mission. Il attend vainement. C'est son adversaire qui, au contraire, est de plus en plus renforcé. Castanos, a une quarantaine de mille hommes, y compris une quinzaine de mille sous le général Reding. Celui-ci est porté, par un mouvement tournant, à la gauche du front français, sur le gué de Mendjibar et sur Baylen. A ce même moment, Vedel quittait Baylen pour Andujar, non avec la seule brigade qui lui était demandée, mais avec toute sa division, laissant à Gobert la garde de Baylen et des défilés plus en arrière jusqu'à la Caroline.

D'abord satisfait, Dupont renvoie Vedel à Baylen pour en déloger les coureurs ennemis, mais avec ordre de revenir ensuite à Andujar pour l'offensive projetée. A Baylen, Vedel apprend que les défilés, plus en arrière, de Baeze et de Ubeda sont menacés par une force ennemie s'approchant de Linarès, et que le général Dufour, succédant à Gobert, mortellement blessé, est parti à sa rencontre. Il y court aussi, va jusqu'à la Caroline sans trouver d'autres forces ennemies que quelques bandes isolées. Il s'aperçoit enfin qu'il est sur une fausse piste et se retourne dans la direction de Baylen et d'Andujar.

Il n'était plus temps.

Ces va-et-vient oiseux avaient fait perdre aux Français des heures précieuses et bien employées par les Espagnols.

Se dirigeant prudemment sur Mendjibar et Baylen, Reding avait rencontré tout d'abord une vive résistance de la part du général Gobert et s'était arrêté en faisant menacer les revers des Français. Gobert tué, son remplaçant Dufour prit au sérieux ces menaces et, pour y faire face, abandonna Baylen, suivi, comme on l'a dit plus haut, du général Vedel.

Reding reprit alors son attaque contre Baylen.

Les faibles détachements d'éclopés qui y étaient restés furent facilement repoussés ou capturés et il s'établit en forces sur les coteaux faisant front au sud contre Andujar, par où devait se retirer le gros des forces françaises quand elles seraint attaquées par toute l'armée de Castanos.

Toutefois Dupont n'avait pas cru devoir attendre cette attaque. Apprenant les engagements qui se livraient autour de Baylen, il y marche le 19 juillet en emmenant tout son bagage, encombré de nombreux malades. Il trouve l'ennemi lui faisant face de pied ferme. Il l'attaque résolument, mais vainement. Trois fois ses colonnes sont repoussées et décimées par des feux croisés et bien dirigés. Il continue néanmoins la lutte, espérant que Vedel entendra la canonnade et y viendra. Vaine espérance! C'est au contraire l'avant-garde de Castanos, division la Penna, qui l'assaillit à revers. Le malheureux Dupont se voit obligé de demander une suspension d'armes. Il l'obtient du général Reding, conditionnéllement, sous réserve de ratification par le commandant en chef Castanos. Mais celui-ci est encore près d'Andujar et son divisionnaire la Penna exige la reddition sans conditions.

Dans les entrefaites, Vedel, qui a marché au canon, mais tardivement, arrive et culbute les premières troupes de Reding qui va se trouver pris entre deux feux, comme l'est Dupont. On oppose à Vedel l'armistice qui vient d'être débattu, et Dupont, au lieu de reprendre l'action, ce qui eût été difficile, il est vrai, dans le triste état de ses troupes, accablées de fatigue, de faim et de soif, confirme la suspension d'armes et arrête la divison Vedel. Bien plus, il est obligé de comprendre les glorieux soldats de Vedel dans sa capitulation du 20 juillet, quoiqu'ils aient leur route libre sur Madrid. Tous, environ 15 mille hommes, durent se rendre à Castanos pour être transportés par mer en France, le corps Dupont en livrant armes et bagages, les autres en déposant momentanément leurs armes, qui leur seraient restituées à l'embarquement.

Divers incidents, liés à l'extrême irritation que causa aux Espagnols la suite de cette campagne, amenèrent la violation inhumaine de cette capitulation. La plupart des prisonniers, au lieu d'être reconduits en France, périrent misérablement sur les pontons où ils avaient été confinés.

En Portugal, les affaires de l'armée de Junot n'avaient pas pris une tournure meilleure. Le pays s'était aussi insurgé dès que les troupes espagnoles de Solano et de Talanco l'avaient évacué. La division Carafa avait été désarmée, mais ses hommes avaient en grande partie rejoint les insurgés. Une junte centrale d'indépendance s'était constituée à Oporto et avait aussitôt demandé l'aide des Anglais. Ceux-ci ne se firent pas longtemps prier. Une division débarque près de Faro, à l'extrémité des Algarves ; d'autres sont annoncées sous les généraux Moore, Dalrymple, Wellesley (devenu le célèbre lord Wellington).

Celui-ci voulait débarquer 15 mille hommes à la Corogne, mais les difficultés que firent les autorités espagnoles l'engagèrent à aller en Portugal. Descendu le 2 août à l'embouchure du Mondego, il passa cette rivière à Coïmbre et marcha au Sud vers Leyria pour s'avancer dans la direction de Lisbonne.

Junot, obligé de faire face de tous côtés, à Faro, à Beja, à Elvas, à Evora, tout en gardant la grande capitale portugaise, dont la population est frémissante, ne peut concentrer assez de forces pour arrêter, au meilleur moment, la marche de Wellington, secondée de milliers d'insurgés. Cependant le général Laborde lui livre un glorieux combat à Rolica, mais avec 3 mille hommes seulement, contre 12 à 15 mille, ce qui ne retarda la marche des Anglais que de quelques jours. Enfin Junot peut réunir le gros de ses forces disponibles, y compris la division Mouton, rentrée du sac d'Evora, et il s'avance à la rencontre de Wellington. Celui-ci a pris une très forte position sur les coteaux de Vimeiro. Toutes les troupes, environ 16 mille hommes, sont disposées sur deux et trois lignes étagées, renforcées de Portugais sur les flancs. L'intrépide Junot, arrivé en présence le 20 août, heureux de se mesurer enfin avec les Anglais, néglige toute autre manœuvre que de prendre le taureau par les cornes. Il attaque de front, parallèlement, est accablé de feux meurtriers, et doit, après plusieurs assauts aussi sanglants qu'infructueux, se mettre en retraite sur Lisbonne. Entouré bientôt d'innombrables ennemis que son échec fait comme sortir de terre, il propose une suspension d'armes pour traiter d'abord de l'évacuation des blessés, puis de la reddition de la capitale portugaise, ce qui amena la convention de Cintra et l'évacuation du Portugal par l'armée de Junot sur des bâtiments anglais. Il en résulta aussi la perte de l'escadre russe de l'amiral Siniavin, réfugiée dans le Tage; ses équipages seuls furent reconduits en Russie, les bâtiments restèrent sous séquestre jusqu'à la paix.

En somme la capitulation de Cintra n'avait rien de déshonorant pour Junot, qui eût été forcé, une fois les renforts ennemis arrivés, d'évacuer de façon ou d'autre le Portugal. Les généraux Moore, Darlymple et Wellington furent vivement blâmés en Angleterre pour avoir laissé échapper cette proie, qui semblait aussi assurée que celle de Baylen.

En revanche un coup de maître avait été exécuté par l'escadre britannique du Nord, en embarquant le corps de la Romana pour le ramener dans ses foyers combattre la France.

A peu près à la même époque, c'est-à-dire dès le commencement d'août, le siège de Saragosse avait été repris avec de plus grands moyens, mais sans faire de plus grands progrès ; chaque maison était devenue une forteresse exigeant des cheminements réguliers et de sanglants assauts. Les nouvelles du désastre de Baylen y mirent fin. Les généraux Lefebvre - Desnouettes et Verdier durent lever le siège et se replier sur Tudela, pour se réunir à Moncey et former la gauche de l'armée concentrée.

Un autre reploiement plus grave, aussi amené par la catastrophe de Baylen, joint aux échecs de Valence et de Saragosse, fut celui du nouveau roi d'Espagne. Le 2 août déjà, toute la cour quitta Madrid, où elle n'était que depuis 10 jours. La retraite se fit lentement, au milieu des troupes de Moncey, sur Chamartin d'abord, puis sur Buytrago, Sommo-Sierra, Aranda, Burgos, enfin jusqu'à Miranda sur l'Ebre, où elle s'arrêta pour aviser à ce qu'exigeaient ces grandioses et tragiques événements.

Napoléon avait déjà pris la virile résolution qu'on pouvait attendre de son caractère. Cet orage imprévu ne l'abattrait pas. Comme à tant d'autres, il y ferait face, et pour cela il se rendrait lui-même en Espagne avec ses vieilles troupes.

Après s'être garé, par une conférence à Erfurt avec l'empereur Alexandre, contre les orages possibles du Nord, il partit de Paris le 29 octobre pour Bayonne et arriva le 5 novembre à Vittoria, quartier-général du roi Joseph.

Nous laisserons maintenant la parole au général Jomini, comme acteur ou témoin dans une importante partie des opérations qui vont suivre.

CHAPITRE PREMIER

Etat des choses en 1808 et incidents divers. — Arrivée de Napoléon et du 6me corps d'armée en Espagne. — Situation des forces en présence.

L'admirable campagne de deux ans, commencée au camp de Boulogne pour aboutir au Niémen, était donc bien et glorieusement terminée en été 1807. Ses beaux résultats, justement acquis à travers les fameuses batailles d'Ulm, d'Austerlitz, d'Iéna, d'Auerstädt, d'Eylau, de Friedland, et maintes opérations non moins méritoires, paraissaient devoir ouvrir une période brillante de paix.

Mais l'ennemi primitif, l'Angleterre, toujours prompte à user et abuser de sa suprématie de plus en plus grande sur les mers, ne le permettrait pas.

Il fallut, n'ayant pu l'atteindre sur la Manche, l'aller chercher au Midi, au Portugal, puis en Espagne, et entreprendre de nouvelles campagnes, qui seraient plus funestes et moins éclatantes, mais non moins sanglantes que les précédentes que je viens de raconter.

Avant d'aborder le récit de la part que je fus

appelé à y prendre et pour qu'on s'en fasse une juste idée, je dois dire quelques mots de ma situation personnelle et donner à ce sujet plusieurs détails qui, bien que futiles en apparence, me paraissent nécessaires.

On a vu, dans la série de cahiers qui précèdent celui-ci, les péripéties de la crise qui m'amena au poste de chef d'état-major du maréchal Ney, le plus conforme à mes goûts, ainsi qu'à la nature de mes instincts stratégiques.

Le maréchal, alors à Paris, devait y prolonger encore longtemps son séjour ; ayant eu avis des rivalités qui se manifestaient entre les généraux du 6ᵉ corps, dans les cantonnements de la Silésie, il jugea que la présence du chef d'état-major y devenait indispensable et m'ordonna de me rendre sans délai à Glogau où se trouvait le quartier général.

Ce voyage ne fut signalé par aucun incident de marque, sauf qu'à Weimar j'eus l'honneur d'être invité à la table du duc régnant, général de cavalerie rénommé au service de Prusse et grand amateur de science militaire, et qu'à cette occasion je fis la connaissance du major Muffling, plus tard général, dont il a été souvent question à propos de son vaillant chef le général Blücher.[1]

Arrivé au quartier général de Glogau, je trouvai

---

[1] Voir notre volume *Jomini, sa vie et ses écrits*, ainsi que l'esquisse biographique de **Muffling** qui se trouve en annexe au *Précis de 1813-1814*. — L.

le général Marchand, commandant en chef en l'absence du maréchal, établi au château de......, à deux lieues de la ville.

Ce général avait remplacé le général Loison dans le commandement de la division devenue la Ire, et le général Bisson commandait la IIme. Une IIIme devait être formée plus tard,[1] mais ne comptait encore que le 31e léger pour noyau. La cavalerie était commandée par le général Colbert.

Mon premier soin fut de répondre aux vues du maréchal en faisant une nouvelle répartition des cantonnements, sujet de discorde entre les généraux et les chefs de régiments.

La division Bisson était de beaucoup la mieux répartie, aux riches environs de Liegnitz et des grands villages de la Haute-Silésie ; on lui imposa de cantonner serré le personnel et les chevaux de tous les parcs d'artillerie, ce qui déplut fort à son chef.

Pour me distraire des ennuis de cette vie de cantonnement, je résolus de terminer le chapitre des principes généraux de l'art de la guerre, travail important dont j'avais fait une grande partie dans la halte du quartier général de l'empereur, à

---

[1] Sous le général Dessolles, de sorte que le 6e corps fut composé, lors de ses opérations sur l'Èbre, des trois divisions Marchand, Lagrange (remplaçant Bisson) et Dessolles, la 8e s'étant trouvée souvent détachée et ayant plus tard changé de numéro avec la 2e.　　　　　　　　　　　　　　　　L.

Posen, à la fin de novembre 1806, et dont on connait déjà l'origine [1].

Les graves événements qui étaient survenus, la rude campagne d'hiver, les batailles de Pultusk et d'Eylau ne m'avaient pas permis alors de donner suite au projet de me venger de la critique du général Bertrand [2]. Mais les loisirs que j'avais à Glogau m'inspirèrent l'idée de ne pas attendre, pour imprimer ce chapitre, que les derniers volumes fussent publiés.

En le faisant imprimer séparément, il favoriserait le débit de l'ouvrage et donnerait une idée favorable de ses développements; je pourrais après cela l'envoyer plus facilement au général Bertrand.

Je trouvai à Glogau un imprimeur passable et fis tirer 500 exemplaires avec quelques mots changés dans le titre.

Un certain nombre fut livré aux libraires de Bréslau et de Berlin.

J'ignorais complètement, à cette époque, le jugement que Napoléon avait porté, en 1805, à Schönbrunn, sur mes deux premiers volumes et sur les inconvénients qui, à son avis, pouvaient résulter de la publication de ces principes de guerre (car le duc de Bassano ne m'en informa que 20 ans après, sous la Restauration) [3], sans cela je me serais

---

[1] Voir notre volume *Le général Jomini, sa vie et ses écrits*, page 61. — L.

[2] Id., page 61. — L.

[3] Id., page 61. — L.

gardé de faire imprimer séparément et répandre ce chapitre isolé, bien plus important que tout le reste de l'ouvrage et qui eut, en effet, une influence réelle sur les événements ultérieurs [1].

A peine avais-je terminé ce travail, que je reçus du ministère les expéditions des nombreuses nominations faites alors par l'empereur. C'était l'exécution du fameux décret qui instituait une *nouvelle noblesse*, autant pour récompenser l'armée que pour balancer l'influence de l'ancienne noblesse qui se montrait toujours hostile à son gouvernement.

Si la mesure était habile, la manière dont elle dut être mise à exécution fut un peu bizarre. Il fallait opter entre des nominations successives et personnelles, ou prendre par catégories entières ; la crainte de susciter des mécontents fit donner la préférence au dernier moyen.

Les maréchaux reçurent le titre de duc avec des noms historiques.

Tous les généraux de division qui avaient fait partie de l'armée active depuis 1804 furent nommés

[1] L'archiduc Charles d'Autriche, en me remettant son bel ouvrage au congrès de Vienne en décembre 1814, m'avoua que ce chapitre, qui lui avait été rapporté des eaux de Warmbrunn, en Silésie, par le général Walmoden, lui avait rendu les plus grands services aux batailles d'Essling et de Wagram ; il attribuait la ferme tenue de son infanterie à l'adoption des ordres de bataille que j'avais proposés.
Les généraux prussiens y puisèrent, en 1813, des renseignements, qui, comme les Russes à la fin de 1812, contrastaient avec leurs anciennes théories. — Gén. J.

comtes, les généraux de brigade et les colonels reçurent le titre de barons[1].

Les comtes reçurent des dotations de 20 à 30 mille francs; les barons la dotation plus modeste de 4 mille francs, sur les domaines des pays conquis en Allemagne et en Pologne.

A part cette fixation, quelques protégés reçurent une augmentation. Les favorisés du prince de Neuchâtel furent des mieux partagés. Mais outre ces faveurs, il y eut aussi d'étranges erreurs, dont quelques-unes assez marquantes dans notre 6ᵉ corps d'armée. Les énumérer ici en détail serait une puérile digression, qui risquerait d'ailleurs de réveiller des récriminations personnelles ou de famille sans profit pour personne.

Quant au fond de cette grande institution de la nouvelle noblesse, je dois constater qu'elle fut assez froidement accueillie, soit que les doctrines égalitaires fussent profondément enracinées, soit que les moins favorisés se considérassent comme amoindris.

Un général de brigade qui avait été nommé baron me disait : « La belle grâce que l'on me fait! quand le maréchal n'avait que ce titre il était de deux grades plus élevé que moi et je pouvais un jour les franchir, mais il était M. Ney et moi M. P....., tandis qu'à présent il est le duc d'Elchingen et moi un petit baronnet. »

---

[1] C'est à cette création que Jomini dut son titre de baron, qui lui fut confirmé plus tard par l'empereur Alexandre. — L.

Tous les chefs de bataillons et les colonels même qui étaient exclus de cette grande fournée n'en étaient naturellement pas satisfaits. On n'en courut pas moins à l'assaut de ces nouvelles dignités.

Je profitai du printemps pour me rendre à Berlin, où quelques affaires m'appelaient ; j'y renouvelai connaissance avec la famille du bon général X..., dont on se rappelle que j'ai fait mention ; j'y fis celle du colonel Château, 1er aide-de-camp du duc de Bellune et qui devint plus tard son gendre et son chef d'état-major.

Il fut du petit nombre de mes bons amis. Nous en reparlerons.

En attendant je dois mentionner ici un fait qui devint pour moi tout un événement. Amené à concevoir un projet de mariage avec l'aimable fille d'un homme d'Etat prussien très considéré et ami de la France, je m'en étais ouvert naturellement au maréchal. Mais au moment où ce projet allait faire un pas décisif, parut au *Moniteur* un décret impérial interdisant aux généraux et aux colonels tout mariage sans l'autorisation de l'empereur, les autres officiers n'ayant besoin que de l'autorisation du ministre de la guerre. La coïncidence était au moins bizarre et fâcheuse pour moi. Je dus faire une demande officielle, et la fis par la voie du maréchal; il me laissa sans réponse, ce qui n'égaya pas précisément le reste de mon séjour à Berlin.

Pourtant j'y fis aussi connaissance du prince Pierre Wolkonsky, chef d'état-major de l'empereur

Alexandre, devenu depuis la paix de Tilsitt notre intime et puissant allié. Je lui racontai ce qui m'était arrivé en 1804 avec M. d'Oubril, lorsque je lui proposai d'envoyer mon traité de tactique à l'empereur Alexandre en lui demandant du service en Russie dans mon grade de chef de bataillon suisse et le singulier refus qui m'avait été fait; je lui racontai aussi ce qui m'avait été dit au commencement de 1807 par le comte de Nesselrode.

Le prince me répondit qu'il était facile de raccommoder l'affaire, vu l'étroite alliance des deux souverains, et l'intérêt qu'il savait que le tzar attachait à me recevoir à son service.

Je lui fis comprendre qu'il n'était plus temps, car j'avais tout ce que je pouvais désirer de plus conforme à mes goûts.

Maintenant abordons les affaires de la Péninsule.

On sait que pour exécuter le vaste projet du système continental conçu par suite de l'alliance de Tilsitt, la première mesure à prendre était d'expulser les Anglais du Portugal où ils régnaient en maîtres depuis un siècle, et de leur fermer en même temps les ports espagnols.

Le général Junot à la tête de 20 mille hommes traversa l'Espagne encore alliée de la France et occupa Lisbonne; la cour se retira au Brésil.

La tâche avec l'Espagne était plus compliquée.

Bien qu'il existât encore des Pyrénées malgré le

mot prêté à Louis XIV, ce pays était depuis un siècle uni de cœur et d'intérêt à la France.

Mais les saturnales de la Révolution, les désastres de la marine française et des colonies, enfin la déplorable catastrophe de Trafalgar qui consolidait l'omnipotence maritime de l'Angleterre, avaient créé à Madrid un parti qui tendait à s'allier aux Anglais de peur de voir les vastes possessions de l'Espagne en Amérique devenir la proie de ces nouveaux Carthaginois.

Je n'ai pas à parler ici des intrigues de cour, des fautes, des projets ambitieux qui bouleversèrent l'Espagne dès le milieu de 1806 et causèrent le soulèvement général de 1808. Il suffit de rappeler qu'à la suite de l'occupation par surprise de plusieurs forteresses espagnoles et du fatal enlèvement du roi Ferdinand, l'Espagne entière se souleva :

L'insurrection de Madrid, la perte du corps d'armée de Dupont, entouré dans sa marche sur Cadix et contraint de capituler à Baylen, forcèrent bientôt Murat à se replier avec le reste de l'armée française derrière l'Èbre, tandis que Junot attaqué en Portugal par les Anglo-Portugais et battu à Vimeiro par Wellesley (devenu le célèbre Wellington) avait dû signer un traité d'évacuation du Portugal, trop heureux de se tirer à si bon marché d'une position désespérée [1].

Tous ces désastres exigeaient de prompts et

[1] Voir dans notre *Introduction*, pages X et suivantes, un bref résumé de ces événements, à titre d'orientation. — L.

puissants remèdes. Ney qui se trouvait encore de sa personne à Paris fut envoyé en hâte à Vittoria pour prendre le commandement provisoire ; quatre corps de la grande armée durent quitter les rives de l'Oder pour aller, sous les ordres de Napoléon lui-même, reporter les aigles françaises sur les rives du Tage et du Guadalquivir.

En attendant, une conférence des deux empereurs et de leurs alliés fut convoquée à Erfurt, afin d'assurer le repos de l'Allemagne pendant cette chanceuse expédition.

Notre 6ᵐᵉ corps d'armée était naturellement le premier appelé à cette longue course. Le danger paraissait si pressant que nous avions l'ordre de doubler les étapes jusqu'à Mayence ; il fallut à cet effet faire préparer à l'avance des parcs de voitures du pays, requises pour relayer successivement les hommes les plus fatigués et au moyen desquelles nous fîmes de 14 à 16 lieues par jour.

Mais, arrivés à Mayence, nous dûmes, à *notre grand étonnement,* nous arrêter plusieurs jours pour traverser par les lignes d'étapes ordinaires tout le territoire français jusqu'à Bayonne, ce qui rendait notre marche forcée assez inexplicable.

Quelques personnes pensèrent que l'on craignait peut-être, en prolongeant trop ce mouvement d'évacuation de l'Allemagne, de fournir aux Autrichiens et aux populations prussiennes mécontentes l'occasion d'assaillir nos régiments isolés sur un si grand espace.

Tandis que le corps d'armée cheminait ainsi à travers la France, le quartier général s'était rendu à Paris que l'une de nos divisions devait traverser. Les vainqueurs de Friedland furent accablés de fêtes, dîners splendides, feux d'artifice à Tivoli, auxquels, en l'absence du commandant en chef, je devais représenter le corps d'armée.

Ce fut un beau moment dans ma vie.

Cependant j'avais à m'occuper de soins plus sérieux.

L'état-major que je dirigeais était fort incomplet : pas un seul topographe, pas un seul officier capable de faire un croquis même le plus informe et encore moins d'exécuter une reconnaissance militaire, pas un seul dans tout le corps qui sût un mot de la langue espagnole.

Une bonne fortune me mit en relation avec le capitaine Esmenard, frère du poète bien connu, qui, ayant servi en Espagne à l'époque de l'émigration de 1793, connaissait à fond l'armée espagnole et parlait cette langue comme un Castillan pur sang. Un autre officier, M. Bory de St-Vincent, géographe et habile dessinateur de topographie se trouvant déplacé, je ne sais trop comment, dans un régiment de dragons, me fut recommandé par son colonel comme bien plus propre au service d'état-major.

Le ministre de la guerre me les accorda tous les deux sur ma demande, et je profitai du bon vouloir du duc de Feltre pour solliciter la même autorisation en faveur de mon frère, qui avait désiré m'accompagner. Il n'était qu'officier de milice suisse, soit capitaine d'un bataillon de fusiliers du canton de Vaud [1] ; mais comme chef d'état-major d'un corps d'armée j'avais besoin d'un officier de confiance et qui me fût personnellement attaché, car n'étant pas général je n'avais pas droit à un aide-de-camp [1].

Tous ces arrangements terminés, je me rendis à Bayonne, où je me retrouvai avec l'empereur Napoléon et le général Marchand, commandant provisoirement le corps d'armée.

Enfin, après avoir franchi les Pyrénées, nous arrivâmes à Vittoria où était le quartier général du maréchal Ney. Je m'en faisais une fête : mais, hélas ! quels furent ma déception et mon désappointement !!!

Je me présentai chez le maréchal en compagnie des officiers d'état-major; au lieu de me recevoir avec sa bienveillance accoutumée et de me remercier des officiers vraiment précieux que j'amenais, il me fit un accueil plus que froid en me deman-

---

[1] *Jomini*, François-Jacob, né à Payerne en 1778, était le frère aîné du général; il remplit longtemps avec dévouement, après la mort de son père, les devoirs de chef de la famille. Capitaine vaudois en 1808, il fit la campagne d'Espagne comme volontaire et rendit plusieurs bons services à l'état-major du maréchal Ney. Il mourut à Payerne en décembre 1837, arrivé au grade de lieut.-colonel. Il a publié une brochure, où il défend énergiquement son frère contre les imputations calomnieuses empruntées par lord Londonderry à un pompeux bulletin de Bernadotte, qui dénaturait complètement les faits. — L.

dant de quel droit je lui composais l'état-major sans son autorisation.

Je lui représentai respectueusement que j'étais responsable de tous les travaux que le major-général prince de Neuchâtel et le ministre de la guerre exigeaient de moi; que s'il eût été à Paris, certes je n'aurais pas manqué de les proposer à son choix, mais qu'étant à deux cents lieues de lui et ne pouvant me passer de leurs services, je croyais mériter des remerciements bien plus que des reproches.

Je me perdais en conjectures sur un pareil changement.

Depuis les instances que le maréchal avait faites à Fontainebleau pour m'avoir comme son chef d'état-major [1], nous ne nous étions pas revus; il ne pouvait donc avoir le moindre sujet de changer à mon égard, mais il ajouta peu après :

« Et puis vous demandez de vous faire obtenir l'autorisation d'épouser une Prussienne; j'ai horreur des Prussiens depuis l'invasion de la Champagne; il faut renoncer à être mon chef d'état-major si vous tenez à ce mariage. »

Cette sortie pouvait jusqu'à un certain point m'expliquer sa mauvaise réception; mais je ne tardai pas à m'apercevoir qu'elle avait une cause plus sérieuse.

Je sus, deux mois plus tard, que pendant son séjour à Paris, Madame la maréchale lui avait rap-

---

[1] Voir notre volume cité, page 75. — L.

porté que je passais au palais des Tuileries pour être son meneur, son souffleur : *inde iræ !!!*

Certes, j'avais bien eu quelque influence aux affaires d'Ulm et de Jéna; mais de là au rôle de *meneur* il y avait loin et, jusqu'alors du moins, on ne pouvait pas me reprocher la moindre pensée qui pût autoriser un semblable *cancan*.

Si la réputation faite à mon Traité des grandes opérations par l'empereur lui-même avait pu provoquer une telle supposition dans quelques esprits peu bienveillants pour le maréchal, j'étais fort innocent de l'aventure et il eût été odieux de me croire pour quelque chose dans ces sots propos.

Il est de mon devoir de constater ici que j'avais une véritable admiration pour l'héroïque vainqueur d'Elchingen, pour le vaillant capitaine de Friedland et pour son habileté comme tacticien. Si en fait de stratégie il n'avait pas peut-être cette initiative des grandes combinaisons qui prépare et assure le succès, il jugeait toujours sainement les questions de stratégie qui lui étaient logiquement présentées.

J'ajouterai que le maréchal avait le caractère généreux, aimant les officiers sous ses ordres, et sa conduite envers moi avait mis le comble à ma reconnaissance.

Bien des années après ces tristes scènes de Vittoria, le maréchal commanda en chef une grande armée pour la première fois (en 1813) et fut malheureux à Dennewitz.

J'avais remarqué, à Bautzen seulement, que ses

plus grands mérites, la valeur héroïque, son coup d'œil rapide, son énergie, diminuaient à mesure que l'étendue de son commandement rendait sa responsabilité plus grande. Admirable sur le champ de bataille, il avait moins d'assurance dans le cabinet et dans toutes les circonstances où il n'avait pas l'ennemi devant lui.

Mais j'anticipe trop sur les événements, car en novembre 1808, à Vittoria, je ne voyais au-dessus du maréchal Ney que les Napoléon ou les Frédéric; je ne méritais donc nullement l'accueil hostile qui m'avait été fait et que je ne pus alors attribuer qu'à l'idée de mon mariage avec la noble fille d'un homme d'Etat prussien.

Après un court repos, notre corps d'armée franchit l'Ebre le 9 novembre[1] et marcha d'abord par Miranda vers Burgos, pour former une partie du centre avec Soult et la garde, en seconde ligne derrière Soult.

Quoiqu'il n'entre point dans le cadre de ces Souvenirs de rendre compte des opérations générales, je crois devoir du moins donner une esquisse des positions respectives au moment de la seconde invasion dirigée par Napoléon lui-même.

Les Espagnols avaient formé quatre petites ar-

---

[1] On le 8; cette date, ainsi que quelques autres, est en blanc dans le manuscrit de Jomini et dans les ouvrages qui ont utilisé sa *Vie de Napoléon* comme canevas principal. Je ne la donne donc, pressé par le tirage, qu'approximativement. — L.

mées, outre celle de Catalogne qui, des deux côtés, forma toujours un corps séparé.

A leur gauche, le général Blake commandait l'armée de Biscaye, qui venait d'être portée à 45 mille hommes par l'arrivée du corps de la Romana, adroitement échappé des rivages de la Baltique à bord d'une flotte anglaise. Le quartier-général, d'abord à Santander, puis à Bilbao, prétendait s'avancer à Mondragon et menacer la ligne de communications française de Bayonne à Vittoria.

Au centre un corps de 15 à 20 mille hommes seulement, qui devait monter à 30 mille hommes et s'appelait déjà l'armée d'Estramadure, couvrait la Castille vers Burgos sous le marquis de Belveder.

La droite était composée de deux armées :

1° l'armée d'Aragon sous Palafox, qui défendait la vallée de l'Alagon et couvrait Saragosse du côté du nord.

2° l'armée d'Andalousie sous le général Castanos, avec le titre pompeux de vainqueur de Baylen, qui se trouvait échelonnée de Calahora à Tudela sur l'Ebro, formant ainsi le vrai centre de la ligne.

En outre un corps d'une dizaine de mille hommes couvrait Madrid.

En Catalogne le général Vivès avec une dizaine de mille hommes bloquait Duhesme à Barcelone.

Enfin de nouvelles troupes anglaises, d'une trentaine de mille hommes, commandées par le général Moore, s'avançaient du Portugal sur Salamanque et de la Corogne sur Astorga et sur Benavente, pour agir contre Valladolid.

En résumé les généraux espagnols avaient placé leurs deux plus fortes masses aux deux extrémités d'une ligne immense, en laissant leur centre plus faible et isolé vers Burgos. Ils semblaient donc avoir pris à tâche de faciliter à Napoléon l'application la plus parfaite de son système de guerre.

De son côté l'empereur disposerait en Espagne d'environ 250 mille hommes, tant par les troupes du roi Joseph que par celles fraîchement arrivées ou arrivant encore. Elles étaient réparties en huit corps d'armée sous les noms de 1er corps de l'armée d'Espagne, 2e, 3e, 4e, etc., qui avaient été réorganisés ad hoc, et dont les six premiers s'échelonnaient des environs de Bayonne à ceux de Burgos.

Le 1er corps était commandé par Victor; il tiendrait la droite, avec le 4e corps sous Lefèvre.

Le 2e corps, Soult succédant à Bessières, serait au centre en avant du front.[1]

Le 3e corps aux ordres de Moncey à la gauche.

Le 5e sous Mortier en réserve, puis ensuite à la gauche.

Le 6e, Ney, porté à trois divisions, au centre.

Le 7e, sous St-Cyr, était destiné spécialement à la Catalogne.

Enfin le 8e, sous Junot, arrivant de la Rochelle,

[1] Le maréchal Soult avait laissé son 4e corps en Allemagne sous les ordres de Masséna et était venu commander le 2e corps de Murat. — Gén. J.

devait assurer les derrières et renforcer les autres corps, notamment le 2º.

En outre un corps de 16 mille cavaliers sous Bessières et 10 mille fantassins de garde impériale sous Walther formaient la réserve générale.

Aussitôt arrivé à Vittoria, Napoléon mit ses corps en mouvement. Il n'avait même pas une minute à perdre, pour n'être pas devancé à contretemps dans ses combinaisons par quelques-unes de ses lieutenants par trop empressés.

CHAPITRE II

Combats et batailles de Burgos, d'Espinosa, de Tudela, de Sommo-Sierra. — Entrée de Napoléon à Madrid le 4 décembre 1808.

Le morcellement des forces espagnoles, indiqué à la fin du chapitre précédent, offrait d'assez belles chances au système d'offensive impétueuse de Napoléon.

Son plan fut vite arrêté : le corps de Soult et la garde se dirigèrent sur Burgos suivis de près par le nôtre. Ils devaient facilement triompher du centre et disperser le faible corps de Belveder ; puis ils se rabattraient au nord-ouest pour couper la retraite à Blake, qui serait attaqué de front et en flanc par les corps d'armée des maréchaux Lefebvre et Victor.

En même temps, les troupes de Moncey, renforcées de l'infanterie de Lagrange et de la cavalerie de Colbert, opposées sur l'Ebre et dans l'Aragon à l'armée de Castanos et de Palafox, l'attaqueraient vers Tudela, tandis que Ney agirait contre la gauche ou sur les revers de cette armée. D'autre part à l'est St-Cyr se porterait de Perpignan sur Barcelone.

La victoire ne pouvait être douteuse. Mais les vastes distances à parcourir et les difficultés du pays pouvaient mettre des obstacles à la grandeur des résultats que l'on s'en promettait.

La proximité où l'armée de Blake se trouvait de la grande route de Bayonne à Madrid, notre principale et presque seule ligne de communications, devait faire le premier objet de l'opération.

Malheureusement le maréchal Lefebvre se hâta un peu trop d'attaquer; secondé par Victor, il battit Blake avant que l'on pût manœuvrer pour lui couper sa retraite. D'ailleurs, à part l'ardeur du vieux Lefebvre à prendre prématurément cette offensive à outrance, sans même attendre l'arrivée annoncée de l'empereur à l'armée, et à chasser Blake de Bilbao au lieu de chercher à l'y retenir, tout se passa fort bien au point de vue de la tactique des localités.

Le 31 octobre Bilbao fut occupé par nos troupes. Sept jours plus tard Lefebvre attaqua de nouveau Blake à Guériès, et le força de battre en retraite sur Espinosa de los Monteros, ville située sur la route directe de l'Ebre à Santander dans une position dominante.

Soult, de son côté, se porta, le 10 novembre, contre l'armée d'Estramadure, et, la division Mouton en tête, il refoula facilement le corps de Belveder à Burgos; le fameux régiment des gardes wallonnes, datant du règne de Charles-Quint et réputé pour l'élite de l'armée espagnole, fut en grande partie détruit dans cette affaire. Belveder laissa aux mains de Soult 3 mille prisonniers, avec 25 canons et 12 drapeaux.

L'empereur établit aussitôt son quartier-général à Burgos et dirigea Soult à l'appui de Lefebvre qu'il avait déjà fait soutenir, ignorant ses succès prématurés, par le corps d'armée du maréchal Victor. Soult devait marcher sur Reynosa dans l'espérance d'y prévenir l'ennemi.

Renforcé par le corps de La Romana, Blake s'était établi devant Espinosa, ayant derrière lui un ravin où coule la Trueba. Ce terrain coupé devait rendre l'attaque difficile, mais la défaite d'autant plus grave.

Arrivé en présence le 10 novembre, Victor fait attaquer sans hésiter. Ses troupes n'avaient pu traîner d'artillerie dans ces montagnes; Blake en avait quelques pièces venues de Santander. Malgré cet avantage le corps de La Romana, placé sur un plateau avancé, fut culbuté par la division Pactod et précipité dans les ravins, où il fut en partie détruit. La nuit mit fin à ce premier combat.

Le lendemain, Victor ordonna une nouvelle attaque.

L'ennemi s'était placé dans un coude de la Trueba, au sud d'Espinosa, ayant cette petite ville derrière sa gauche : position absurde, où le moindre échec devait être désastreux. C'était la répétition de la bévue de Friedland, avec la différence qu'on n'avait pas affaire à des Russes et que contre les troupes de Blake le désordre n'en serait que plus complet.

Ce général, trompé par l'action de la veille, se figure qu'il va être encore pressé sur sa droite et il y rassemble la masse de ses forces. Victor, au contraire, lance contre la gauche espagnole le général Maison, qui la refoule en désordre et se jette pêle-mêle avec elle sur le pont de Reynosa, le seul que possédât l'ennemi. Les Espagnols du centre et de la droite, formés en masse carrée, se précipitent dans la Trueba, où la plus horrible confusion se met parmi eux. Une partie s'enfuit sur la route de Santander ; les autres prennent celle de Villarcayo et tombent entre les mains de la division Sébastiani, qui marchait dans cette direction. Le gros s'enfuit sur Reynosa.

Près de 10 mille hommes, tant tués que blessés ou prisonniers, furent perdus par Blake dans cette défaite. Si le mouvement que le général Maison fit contre la gauche avait pu s'effectuer contre la droite avec le même succès, c'en était fait de toute l'armée espagnole. Elle eût été rejetée sur Santander, où elle eût été forcée de capituler.

Blake, dans la matinée du 12 novembre, dépassa Reynosa, tandis que La Romana, qui y trouva les débris harrassés de l'armée, dut se jeter, par les hautes montagnes des sources de l'Ebre, dans le royaume de Léon pour s'y refaire. Il y ramena au plus une quinzaine de mille hommes exténués.

Un jour de retard dans l'attaque de Victor et cette armée eût cessé d'exister.

Au lieu de la poursuivre dans un pays presque impraticable, Soult suivit la chaussée de Reynosa sur Santander, balaya cette belle province, où il ramassa encore bon nombre de prisonniers ; il en remit ensuite la garde à la division Bonnet, pour se rabattre sur Léon.

Pour compléter le programme de l'empereur, restait encore à avoir raison de la droite espagnole, c'est-à-dire des troupes de Castanos et de Palafox, qui s'étaient réunies autour de Tudela. A cet effet, Lannes, qui se trouvait au grand quartier-général, en convalescence d'une dangereuse chute de cheval, fut chargé du commandement supérieur sur l'Ebre. Il partit de Burgos le 18 novembre pour aller se mettre à la tête du corps de Moncey et de ses renforts vers Logrono et attaquer de front les lignes de Tudela, tandis que Ney tournerait leur gauche en marchant par Aranda dans la direction de Soria.

Le 21 novembre Lannes passait l'Ebre au pont de Lodosa et se dirigeait par Calahora sur Tudela. Le 23 au matin, il arriva en face de la ligne ennemie.

Composée des vainqueurs de Baylen, des vaillants défenseurs de Valence et de Saragosse, cette armée, qui comptait 45 mille combattants, était l'espoir de la Castille. Elle s'était mise en bataille sur une ligne d'environ deux lieues ; à droite les Arragonais sous Palafox ; au centre les Valenciens et les Castillans ; Castanos formait la gauche près de Cascante.

A peine Lannes eut-il reconnu, le 23 au matin, l'extension excessive de ce front, qu'il se décide à l'offensive, bien qu'en nombre de moitié inférieur, et qu'il forme ses colonnes d'attaque. Il lance la division Maurice Mathieu sur le centre et celle de Lagrange sur la gauche, en les faisant soutenir du feu de 60 canons. La ligne espagnole ne tarde pas à être ouverte, la cavalerie de Lefebvre-Desnouettes pénètre dans la trouée et se rabat sur l'infanterie de l'aile droite. Sa charge est impétueuse et persistante, comme s'il eût été animé du désir de venger l'affront naguère essuyé devant Saragosse.

Les Arragonais, pris en flanc et à revers, doivent céder le terrain et se retirent en désordre sur la route de Saragosse.

Les vainqueurs superbes de Baylen ne tiennent pas mieux contre Lagrange. Assaillis de front et débordés par Maurice Mathieu, ils se jettent à la débandade sur la route de Tarragone.

Les fruits de cette victoire des armes françaises furent 80 pièces de canons, 3 mille prisonniers et autant d'ennemis hors de combat.

C'était certes un beau résultat, eu égard surtout à l'infériorité d'effectif des vainqueurs. Toutefois, Napoléon avait espéré beaucoup mieux. Il avait compté sur une résistance plus longue des orgueilleux Castillans, qui eût permis à Ney d'arriver sur leurs derrières.

Mais Lannes, comme Victor, avait attaqué un jour trop tôt et la combinaison principale n'avait pu se produire. D'autre part, si Lannes eût différé son attaque, l'ennemi eût peut-être battu en retraite en apprenant les mouvements de Ney, et c'eût été plus malheureux encore que le succès incomplet qui venait d'être obtenu.

Quant à l'action du 6e corps d'armée (Ney), voici ce qu'il en fut dès l'installation du grand quartier-général de l'empereur à Burgos.

Le corps du maréchal Ney traversa Burgos et se dirigea sur Aranda de Duero, le 17 novembre[1].

Ici notre rôle devait se modifier; l'armée de Castanos étant restée sur l'Ebre devant Lannes à Tudela, nous pouvions, en nous dirigeant à l'est par Soria, concourir à sa défaite ou la rendre plus complète.

La tâche n'était pas facile. Si nous remontions trop vers le nord pour prendre part à l'action, les ennemis ne nous attendraient pas et regagneraient intacts leur place de Saragosse.

Si nous nous dirigions à l'est vers cette ville pour leur en couper l'accès, nous laisserions Lannes aux prises avec Castanos et Palafox.

Le 6e corps, réduit encore à ses deux divisions, avait une belle mission, mais par un mouvement un peu large pour être aisément remplie, surtout dans un pays tel que celui-ci, où l'ennemi surveil-

---

[1] Date approximative. Voir la note de la page 15. — L.

lait tous nos pas, alors que nous ne pouvions rien apprendre sur son compte que par nos patrouilles et nos reconnaissances.

Quoiqu'il en soit, le maréchal Ney partit le 19 d'Aranda pour San-Estevan, arriva le 20 à Berlanga, le 21 à Soria, avec une division, attendant le lendemain la seconde, détournée à droite vers Calatayud, en exploration.

A Soria, où nous nous établîmes le 22 novembre, nous restâmes jusqu'au 25 à attendre des ordres ou des nouvelles pour choisir la meilleure route ultérieure. Pendant ce temps, j'eus le plaisir de faire la connaissance plus intime du général Dessolles, qu'on nous avait donné en remplacement du général Bisson avec lequel le maréchal s'était brouillé.

Soit qu'il en eût reçu l'ordre, soit qu'il prît sur lui de marcher vers Tudela, le maréchal se dirigea tardivement, c'est-à-dire le 25 au matin, de Soria vers Agreda.

Des bruits d'une affaire sérieuse s'étaient répandus chez les habitants et je fus chargé de pousser avec un détachement de 200 hommes jusqu'à Tarazona, ville assez importante. J'y courus avec l'intelligent Esmenard, qui nous servait d'interprète; bientôt nous pûmes constater nous-mêmes la débandade et fûmes obligés de bivouaquer, à l'entrée de la nuit, pêle-mêle au milieu de plusieurs centaines de fuyards ennemis.

En effet, l'importante bataille sus-mentionnée

avait eu lieu deux jours auparavant à Tudela, et l'armée espagnole, en longeant les rives de l'Ebre par Alagon, s'était retirée en grand désordre sur Saragosse.

En arrivant à Tarragona, nous apprîmes que Palafox y avait passé la veille. La population de la ville, voyant notre petite troupe, était fort excitée et méditait sans doute de nous faire un mauvais parti, ce qui eût été facile au moyen des soldats espagnols débandés. Nous y parâmes en demandant hautement 25 mille rations pour le corps d'armée, qui devait, disions-nous, arriver dans la nuit, mais qui ne pouvait nous rejoindre, en effet, que 18 heures après. Nous nous fîmes apporter des fourrages et des vivres pour notre petite escorte et nous nous barricadâmes dans la cour d'une hôtellerie.

Au jour nous assemblâmes le Conseil de la commune pour avoir les vivres nécessaires. Des promesses nous furent faites, et la population, quoique fort agitée, semblait vouloir les tenir. Cependant nous nous aperçumes que beaucoup d'habitants s'enfuyaient.

Vers le soir du second jour, la division Marchand arriva ; elle était composée d'excellents régiments, surtout le 69e, mais habitués depuis trois ans à ne vivre que de maraude, c'est-à-dire à prendre chez les habitants tout ce qui pouvait servir à la nourriture. Ils avaient contracté, comme tout le reste de l'armée, l'habitude d'enfoncer toutes les armoires pour y chercher des vivres. Les traitements barbares que les habitants du pays avaient fait subir à beaucoup de soldats français, assassinés en détail avec des circonstances atroces, avaient en outre fort irrité les troupes contre eux. Piller et dévaster Tarrazona leur semblait une œuvre toute simple, et ce fut l'ouvrage de deux heures.

Le lendemain au point du jour toute la population avait pris la fuite et cette ville, encore paisible la veille, ressemblait à une ruine.

Je dois le dire ici, mon cœur se soulevait à la vue de pareilles scènes, dont la faute venait beaucoup des chefs. Il est certain que le système de faire la guerre sans magasin a beaucoup d'avantages et facilite extrêmement les grandes conceptions stratégiques, qui demandent beaucoup de rapidité. On peut faire cette guerre au moyen de réquisitions légales, dans un pays bien peuplé, bien cultivé et bien administré, où l'habitant docile amène ses denrées contre des bons réguliers que l'on peut acquitter dans la suite.

C'est ainsi que Jourdan et Moreau en agissaient en Allemagne dans les premières campagnes et que nous l'avions fait en Souabe en 1805.

Mais quand les armées devinrent de plus en plus nombreuses et qu'elles guerroyèrent en hiver, comme dans la Moravie en 1805, dans la vieille Prusse en 1807, on ne put plus maintenir le même ordre; le pillage et la maraude devinrent peu à peu la ressource habituelle. Le soldat se borna d'abord à prendre les vivres, les poules, les bestiaux, les pommes de terre ; puis, sous prétexte que les habitants cachaient leurs provisions, ils enfoncèrent les armoires, même les magasins, et enlevèrent l'argent, les marchandises de quelque valeur ; ensuite et peu à peu ils s'amusèrent à jeter par les fenêtres ce qu'ils ne pouvaient emporter[1].

J'ai eu sous les yeux le progrès de ce vandalisme et il me serait fort difficile de déterminer l'époque où il eût été possible d'y mettre un frein. Le maréchal Ney, qui aimait passionnément ses soldats, leur permettait bien des peccadilles ; il avait pourtant fait fusiller des artilleurs à Inspruck en 1805, parce qu'ils avaient pillé (à la vérité je crois que c'était dans un couvent ou une église) ; mais dès l'année suivante on se relâcha en Prusse et en Pologne. Les corps de Davoust marchant sur Iéna et celui de Soult marchant sur Magdebourg, puis sur Lubeck, laissèrent des traces sanglantes de leur passage ; plus tard, Davoust s'appliqua, plus que tous les autres maréchaux, à réprimer le pillage ; mais en général les chefs firent peu d'efforts

[1] Je rapporterai ici une anecdote qui peut faire juger de ce qui se passait. Un général de la division Marchand logeait à Aranda de Douro dans une maison assez apparente avec des factionnaires à sa porte. Il était endormi tout habillé sur son lit à l'entrée de la nuit, quand il aperçut quelques hommes dans sa chambre, où ils s'emparaient de tout ce qu'ils trouvaient ; un d'eux prit même son chapeau galonné d'or que, dans l'obscurité, il ne reconnaissait pas. C'étaient des soldats qui, marchant de toit en toit, étaient descendus par une de ces larges cheminées usitées en Espagne. Quand le général voulut les faire arrêter, ils s'excusèrent en disant qu'ils cherchaient des vivres pour leur bataillon ! — Gén. J.

pour cela. Les marches étaient si rapides qu'il devenait à peu près impossible d'avoir recours aux réquisitions légales par les autorités; on n'en aurait pas eu le temps.

En Espagne, où les habitants sont pauvres et sobres, et où ils étaient d'ailleurs tous en insurrection, fuyant à notre approche, il était bien difficile de vivre autrement que de maraude. Il semble cependant qu'on eût pu sévir contre tous les vols et dégâts étrangers à l'approvisionnement.

Bien des généraux s'en plaignaient, car cela nuisait à la discipline et diminuait forcément le nombre des hommes en état de combattre; mais la chose devenait de jour en jour plus difficile, et le maréchal, à qui je m'en plaignais, me donna à entendre qu'il fallait laisser au soldat une compensation puisqu'on ne lui faisait aucune distribution, et que l'empereur lui-même voulait qu'on ne sévît pas contr'eux.

Je me suis un peu étendu sur cette matière, que j'ai traitée ailleurs,[1] parce que je crois qu'elle ferait un sujet d'étude instructif et utile pour les guerres à venir.... et qu'elle constitue un des plus grands problèmes à résoudre. Un gouvernement bien avisé devrait le mettre au concours. Il s'agirait de déterminer les moyens les plus sûrs pour approvisionner une armée pendant des marches rapides, et de fixer

[1] Voir le *Précis de l'art de la guerre*, chap. III, art. 25, édition de 1855. — L.

les limites dans lesquelles on doit compter la part qu'on peut assigner aux différents pays, ou la force du corps que les différentes contrées de l'Europe pourraient nourrir soit pour un passage seulement, soit pour une position sédentaire de quelques semaines.

Le général comte Cancrine, qui fut ministre des finances en Russie et intendant général des armées russes, a publié un ouvrage intéressant sur ce sujet, et mes conversations avec lui m'ont prouvé qu'avec de l'argent on trouve plus de ressources qu'avec le pillage ; mais il faut que l'argent soit donné aux colonels des régiments eux-mêmes, et que ces messieurs soient responsables des désordres causés.

Quoiqu'il en soit, je doute que ce système eût suffi en Espagne, du moins à l'époque de la seconde invasion de 1808, car à cette époque le pays était trop irrité contre nos soldats et ceux-ci trop avides de vengeance : aucune réquisition régulière n'eût été praticable.

Dans l'invasion de 1823 la chose fut bien plus facile ; l'armée, comptant moins de 100 mille hommes, entrait sur plusieurs colonnes depuis la Catalogne jusqu'à Bilbao. Des masses de 20 mille hommes, ayant les prêtres et les paysans pour elles, et de l'argent pour payer les fournitures, eurent des vivres en abondance.

Les guerres nationales ou celles d'insurrection font des exceptions ; mais je crois que dans les guerres régulières, on peut tout faire avec des réquisitions, si on les paye exactement.

Il est temps de reprendre le fil de ma narration.

N'ayant pû prévenir l'ennemi dans sa retraite sur Sarragosse, nous dûmes revenir sur nos pas et le suivre vers cette ville, dont nous étions destinés à faire le siège devenu si fameux.

Sarragosse est une grande et belle ville, située dans la magnifique vallée de l'Ebre, sur la rive droite de cette rivière avec un faubourg seulement sur la rive gauche. On portait sa population à 70 mille âmes, et l'armée de Palafox, composée en majeure partie de nouvelles levées, était estimée à 40 mille combattants. La vigueur avec laquelle elle s'était défendue avec une poignée d'hommes quatre mois auparavant, nous donnait à penser sur la résistance qu'on devait en attendre. Nous n'avions pas plus de 20 mille hommes, avec lesquels il eût été impossible de bloquer une périphérie aussi vaste.

Le 3me corps d'armée, confié au maréchal Moncey, duc de Conégliano, fut chargé d'investir la rive gauche. Ce vieux maréchal, qui avait si bien commandé l'armée des Pyrénées en 1795, était de beaucoup plus ancien général en chef que Ney; aussi Napoléon ne l'avait-il pas mis sous ses ordres. Ils devaient se concerter, ce qui est toujours fâcheux pour l'unité si indispensable au commandement. Toutefois après deux conférences aussi amicales que possible, les deux maréchaux convinrent de la part que chacun prendrait à l'attaque, dès que le matériel nécessaire serait arrivé.

En attendant, Ney devait refouler les Espagnols dans la ville, et attaquer le Monte Torero, hauteur couronnée d'un couvent, qui domine la place d'assez près et qui avait acquis une certaine célébrité.

Déjà les dispositions étaient faites et expédiées aux régiments, déjà un ordre pour enlever de vive force le couvent fortifié du Monte Torrero était en pleine exécution et le 6e léger engagé vivement avec l'ennemi, lorsque nous reçûmes l'ordre de marcher en toute hâte par Guadalaxara sur Madrid. L'empereur venait d'y entrer en vainqueur, mais il était menacé de se trouver aux prises avec les forces espagnoles renforcées de l'armée anglaise du général Moore (successeur de Wellesley), cherchant à déboucher sur Léon ou Valladolid, contre notre ligne de communications de Bayonne.

La mobilité de nos troupes était si extraordinaire que, sans différer un moment, le maréchal se mit en route avec nos 9 régiments d'infanterie, sa cavalerie et son artillerie, laissant au 6e léger le soin de se retirer de l'engagement et de suivre le corps d'armée.

Le maréchal Moncey, prévenu de notre départ, devait s'entendre avec le maréchal Lannes, chargé désormais de diriger ce siège périlleux.

J'avoue que je fus presque contrarié de ce changement; je n'avais jamais assisté à aucun siège (on n'en faisait plus depuis longtemps) et le peu que j'en avais appris par la lecture des œuvres de Vauban laissait beaucoup à désirer, surtout dans la pratique des travaux.

Toutefois, je n'eus pas lieu de regretter cette expérience, car le terrible siège de Saragosse n'offrit en quelque sorte aucune péripétie qui ressemblât à un siège régulier.

Notre marche sur Madrid, par la vallée du Xalon et les montagnes de Calatayud, fut rapide et n'offrit rien de particulier, si ce n'est qu'à Guadalaxara nous logeâmes dans le vaste palais du duc de l'Infantado. Nous y avions été sans doute devancés par quelques pillards, car il se trouvait en grand désordre ; la cour était remplie d'une quantité de livres plus ou moins bien reliés, prêts à servir sans doute à un feu de bivouac, au milieu desquels je fus assez surpris de trouver mes deux premiers volumes publiés en 1805. La ville de Guadalaxara possédait une riche manufacture de draps, qui devaient assez naturellement servir à l'habillement de l'armée ; mais tout y avait été si bien pillé et gaspillé par les premiers arrivés, qu'il n'y eut de profit pour personne.

L'armée française du centre, sous les ordres directs de l'empereur, n'avait pas marché moins vite et il faut rapporter ici ce qu'elle avait fait pendant que nous opérions sur l'Ebre.

Rassuré sur ses flancs par la défaite des armées

espagnoles de gauche et de droite, Napoléon put s'avancer avec sécurité sur Madrid. Le 29 novembre il passa le Douro à Aranda avec le corps de Victor, les gardes et la cavalerie; le lendemain il arriva au pied du Sommo-Sierra.

Les 10 mille Espagnols du corps de réserve de la capitale, sous le général don Juan San Benito, défendaient cette position presque inexpugnable. Resserrée par des rochers abrupts, elle n'est guère abordable que par la chaussée, c'est-à-dire la grande route de Burgos à Madrid, qui traverse perpendiculairement la chaîne montagneuse.

Notre infanterie attaqua vainement à droite et à gauche; le terrain ne lui permettait pas d'avancer, et le canon ennemi, enfilant la route et tous ses abords, rendait fort meurtrière toute attaque en colonne étroite et profonde. Vivement contrarié d'être ainsi arrêté dans sa marche sur Madrid, qu'il désirait surtout rapide, Napoléon se décide à un coup de collier qu'on ne pourrait certes pas donner en tout temps comme un modèle de tactique et de prudence. Il fera enlever les batteries par sa cavalerie.

Les braves lanciers polonais de la garde sont lancés sur la position. Le premier escadron est fauché; le second l'appuie vivement, mais est en partie ramené. Napoléon réitère ses ordres, battant de sa cravache la terre autour de lui, comme d'habitude quand la contrariété l'excite. Les autres escadrons s'élancent au galop et arrivent, au prix de grandes pertes, il est vrai, au haut de la montagne; là ils sabrent les canonniers, puis enfoncent l'infanterie, qui, étonnée de tant d'audace et de valeur, se replie confusément sur Madrid.

Ce fait d'armes de Sommo-Sierra, l'un des plus éclatants des campagnes de l'Empire, couvrit de gloire les Polonais, qui acquirent par là un titre à l'admiration même des plus intrépides[1].

Le défilé fut franchi dès le lendemain par le gros des troupes et le 2 décembre elles s'établirent sur les hauteurs qui dominent Madrid. A ce moment, Napoléon n'avait avec lui qu'une trentaine de mille hommes. La capitale avait plus de 40 mille hommes armés pour sa défense, commandés par le général Morla, qui jouissait d'une grande réputation. Mais l'organisation et la discipline faisaient défaut dans leurs rangs et les victoires récentes y avaient semé la consternation. Après quelques coups de canon qui ébréchèrent les vieux murs de la citadelle du Retiro, une capitulation intervint. Le 4 décembre Napoléon put faire son entrée à Madrid.

Derrière Napoléon suivaient d'autres corps, dont celui de Ney appelé de Saragosse, comme on l'a dit plus haut.

Nous arrivâmes en effet cantonner autour de Madrid le 16 décembre[2] et le hasard me fit loger

---

[1] Pour les détails de cette charge héroïque, voir les Mémoires du comte de Ségur (Tome III, p. 278-283), attaché au quartier impérial, qui y fut lui-même grièvement blessé. — L.

[2] Ou 17; voir plus haut, page 15. — L.

dans la maison du célèbre dom Pedro Cevalhos, qui fut ministre des affaires étrangères sous Ferdinand VII et l'un des provocateurs de l'insurrection. L'empereur, qui n'avait pas vu le 6e corps depuis Friedland, le passa en revue deux jours après sur les hauteurs de Chamartin. Malgré ses marches continues et souvent bien pénibles depuis les rives de l'Oder, il se trouva dans la plus brillante tenue, et Napoléon, bien que visiblement préoccupé des soucis de sa position, ne manqua pas d'en témoigner sa satisfaction par de nombreuses promotions et décorations.

Avec le général Colbert, j'eus la mauvaise chance d'être en dehors des heureux de la journée [1].

A la suite de cette revue, le corps d'armée fit une entrée triomphale dans Madrid au milieu d'une foule stupéfiée de la beauté de nos troupes, à laquelle ne l'avaient point accoutumée les batail-

[1] Le maréchal avait demandé le grade de général de division pour Colbert, qui n'était général de brigade que depuis deux ans. L'empereur lui répondit assez sèchement qu'il n'y avait pas de place vacante. Auguste Colbert était d'une bravoure excessive et militaire capable : le nom qu'il portait ajoutait à tous ces mérites, et Napoléon l'aimait particulièrement; il fallait qu'il fût péniblement préoccupé pour lui faire une telle réponse, qui eut pour lui des suites bien fatales, comme nous le verrons. A la vérité Colbert n'avait pas eu d'occasion de rendre de grands services depuis sa dernière promotion, qui avait eu lieu pour ses exploits à Elchingen et pendant la campagne de 1805. La belle charge de sa brigade à Iéna, en 1806, avait été une faute qui eût pu compromettre l'armée, et Napoléon, loin de la récompenser, en avait été fort contrarié. Il s'en souvenait à Madrid, paraît-il, ce qui chagrina fort le brave Colbert. — Gén. J.

lons de nouvelle levée qui composaient à peu près toute l'armée de Murat dans la première invasion.

Cette scène vraiment imposante donna lieu à un incident que je crois devoir rapporter comme un des traits les plus significatifs de l'étrange guerre dans laquelle nous étions si malheureusement engagés.

Les quatre régiments de la division Marchand venaient de défiler devant l'empereur en colonnes par pelotons dans la superbe rue de l'Alcala, qui formait un amphithéâtre où chaque homme était en vue ; la première brigade de la 2ᵉ division passait devant nous et l'autre brigade apparaissait au sommet de l'amphithéâtre ; le coup d'œil était magique.

Je me trouvais avec l'état-major derrière l'empereur et le maréchal, lorsque notre bon capitaine et interprète Esmenard me signala l'étrange conversation engagée entre deux moines espagnols qui ne soupçonnaient guère être si bien entendus :

Le plus jeune disait : « Oh ! les admirables troupes ! comment pouvoir leur résister ?

« Si Murat était venu avec de pareils soldats nous n'aurions eu garde d'entamer une révolte où tout va être perdu. »

Le vieux matois répondait narquoisement :

« Combien crois-tu donc qu'il y en a là ? »

« Bah ! au moins 20 mille. » — « Eh bien ! comptes-en 50 morts par jour, tant par les combats que par les maladies, les fièvres, le couteau, les.......

(les femmes), en voilà 18 mille de partis dans un an ; combien en restera-t-il ? »

J'engageai Esmenard à faire connaître au prince de Neuchâtel les propos de cet étrange calculateur, afin qu'on pût au moins l'envoyer en France comme prisonnier et empêcher la divulgation de ses théories....., dont l'expérience démontra la justesse.

Après deux jours d'ennuis et d'embarras, comme en éprouvent toutes les troupes de passage dans une capitale, le corps d'armée dut se remettre en marche pour une campagne dont la rigueur peu prévue rappela un moment celle d'Eylau.

CHAPITRE III

Campagne de la Galice. — Défaite de Moore. — Prise de la Corogne. — Difficultés de Soult en Portugal, battu à Oporto. — Conflits entre Soult et Ney.

Pendant que Napoléon poussait sa pointe sur Madrid et que nous courions de Saragosse pour le joindre, l'armée anglaise de Portugal, victorieuse de Junot, avait débouché sur Zamora. Aux environs de cette ville, qui forme une position avantageuse sur le Douro, elle devait se réunir à un nouveau corps récemment débarqué à la Corogne, et à La Romana, qui avait remplacé Blake dans le commandement de l'armée des Asturies et de la Galice ; cette réunion de forces était menaçante pour notre ligne d'opérations que le maréchal Soult couvrait vers Carion.

L'empereur, instruit vaguement de la marche du corps sorti de Portugal, résolut de partir avec notre 6ᵉ corps, les divisions Dessolles et Lapisse et la garde, pour manœuvrer de concert avec les maréchaux Soult et Victor, de manière à faire repentir les Anglais de cette incursion.

Quoique victorieux à Vimeiro, le général Wellesley avait dû céder le commandement au général Moore, qui, voulant baser ses opérations non plus sur le Portugal, mais sur la Corogne, avait ordonné à la flotte anglaise de venir dans ce port.

Partis de Madrid par un temps neigeux, nous arrivâmes à Guadarrama en pleine neige le 22 décembre [1] ; dès le lendemain nous commençâmes à franchir la chaîne de montagnes qui porte ce nom et qui sépare la vieille Castille de la nouvelle.

Le temps devint affreux ; la montagne était d'une pente un peu rude, la tourmente allait en augmentant à mesure que les colonnes approchaient du sommet ; pour s'en faire une idée il faut avoir été surpris par une de ces fameuses tourmentes du Mont-Cenis, devenues proverbiales dans les Alpes, et nous en souffrîmes au point de regretter presque les boues de Pultusk et les glaces d'Eylau.

Le vent, tourbillonnant en sorte de trombe et chassant la neige avec violence, enleva plusieurs hommes dans les précipices. Le maréchal me laissa avec mon état-major au sommet, afin d'expédier les ordres aux divisions sur les points qu'elles devraient occuper lorsqu'elles descendraient dans la plaine.

Je faillis être victime de cette mission, reçue au moment et au point le plus violent de la bourrasque. On sait qu'elle fut portée à un tel degré que des régiments de la garde, qui venaient après nous, durent s'arrêter, sinon rétrograder.

[1] On le 21 ; voir plus haut, page 15. — L.

J'arrivai à la tombée de la nuit à Villacastin avec Esmenard, Bory de St-Vincent et Delachasse de Vérigny : tous plus morts que vifs, convenant n'avoir jamais enduré d'épreuve aussi rude. Le temps se radoucit le lendemain et nous marchâmes sur Arevalo.

Ici survint un incident fâcheux que je ne pourrais passer sous silence sans manquer à la franchise de ce récit. Tant que je fus aide-de-camp du maréchal, je logeais dans la même maison que lui, de même que son secrétaire; il me donnait *presque toujours* communication des lettres du major-général ou de l'empereur et en discutait avec moi.

Depuis la triste algarade de Vittoria cela n'avait plus lieu ; il me disait verbalement ce que le corps d'armée avait à faire ou me donnait parfois un résumé écrit de sa main quand les ordres pouvaient être un peu compliqués.

Je n'attribuai d'abord ce changement qu'à la différence de ma position : je n'étais plus un individu de sa maison, j'étais un fonctionnaire; la même intimité n'existait plus, mais je ne me doutais pas de la véritable cause.

Lors de notre arrivée à Arevalo je n'avais aucune notion des mouvements des Anglais ; je savais seulement qu'ils étaient sortis du Portugal et cherchaient à se réunir avec les Espagnols.

Je crus pouvoir donner au maréchal mon opinion par écrit sur le moyen le plus rationnel de prévenir les Anglais à la fois sur les deux points de Zamora et de Benavente, qui dominaient leur double ligne sur la Galice ou sur le Portugal [1].

Mon frère, qui, contre mon usage, transcrivit cette notice sur le registre de ma correspondance officielle, eut en outre la maladresse de mettre le numéro d'ordre sur ma lettre.

Le maréchal en fut fort irrité et m'en fit de vifs reproches en me disant :

« Si je vous ai autorisé à me dire votre opinion et si je vous l'ai même souvent demandée, ce n'était pas pour aller consigner dans les paperasses de l'état-major ce qui se passait entre nous. »

Je lui représentai que c'était une étourderie de mon frère, et que jamais je n'avais consigné par écrit les discussions sur les affaires ; dans le fait, c'était la première fois, depuis que j'étais devenu son chef d'état-major, que cela s'était présenté. Mais le mal datait de plus loin comme on le verra bientôt.

L'empereur avait du reste tranché la question en nous ordonnant de passer le Douro à Tordesillas et de marcher sur Medina de Riosecco.

L'opération à laquelle nous devions concourir était grandiose et séduisante sur la carte ; mais par le temps qu'il faisait et au mois de décembre il en

---

[1] Induit en erreur par la défectuosité de l'unique carte de Lopez que nous possédions, mon idée n'était peut-être pas la meilleure, mais elle était très justifiable et d'ailleurs la question n'était pas dans son plus ou moins de mérite. — Gén. J.

fallait rabattre. Elle avait débuté par l'affreux passage de la Guadarrama ; huit jours après nous passions les petits affluents du Douro à gué, ayant de l'eau jusqu'à la ceinture, pour faire une chasse inutile à l'armée anglaise.

Ainsi que nous l'avons déjà dit, le général Moore était sorti du Portugal par Salamanque avec le projet de marcher par Zamora et le Douro sur le royaume de Léon; là il devait être joint par une nouvelle armée débarquée à la Corogne sous les ordres du général Baird et dirigée sur Astorga.

Cette belle armée de 30 mille Anglais devait, réunie aux forces espagnoles, délivrer la Péninsule en marchant sur Burgos.

Mais pendant que les mesures pour l'accomplissement de ce plan se préparaient et s'exécutaient sur terre et sur mer, trois des armées espagnoles avaient été battues et dispersées, comme nous venons de le voir. Après cela Moore ne pouvait plus que chercher à rallier les débris de celle de Blake passée sous les ordres du marquis de La Romana; celle-ci, reléguée dans les hautes montagnes qui séparent les Asturies et la Biscaye du royaume de Léon, était menacée par le corps du maréchal Soult, renforcé de deux divisions de Junot débarquées du Portugal.

Le projet de l'empereur consistait naturellement à se mettre en communication avec Soult, rallié sur le Carion à une partie du corps de Lefebvre, et prêt à se reporter sur Léon.

Napoléon, qui n'avait reçu en partant de Madrid que de vagues rapports de déserteurs sur la marche du corps ennemi venant de Salamanque, devait naturellement manœuvrer en vue de l'attirer autant que possible dans l'intérieur afin de le couper de sa ligne de retraite, tout en se concertant avec Soult pour qu'il l'attaquât simultanément. C'est dans ce double but qu'il avait marché sur Tordesillas.

Ce fut dans cette ville qu'il reçut les rapports du maréchal Soult, datés de Carion du 25 décembre, annonçant la présence de toute l'armée anglaise vers Sahagun sur la Coa, et celle de La Romana vers Léon.

Le moment était décisif; il n'était pas présumable que Moore, instruit de notre marche, osât s'avancer sur Carion et il importait de le prévenir sur l'Esla, où il pourrait trouver des fourches caudines; nous fûmes donc dirigés par Aguilar de Campos sur Villafer, tandis que l'empereur se portait sur Benavente et Soult sur Valencia.

Malheureusement c'était déjà trop tard; Moore avait battu en retraite le 25 sur Benavente et Baird sur Valencia; on ne pouvait plus les prévenir à Astorga, mais on pouvait les entamer.

Nous dûmes marcher de Médina de Riosecco sur l'Esla par Valderas et Villafer, tandis que Napoléon avec la garde, la division Dessolles et une division de Lefebvre, marchait par la grande route de Tordesillas sur Benavente.

La route que nous suivions, tracée dans des

terres labourées, détrempées par des pluies torrentielles, était affreuse ; les soldats aussi bien que l'artillerie avaient peine à s'en tirer et les vivres manquaient.

Pendant cette traversée l'état-major eut l'occasion — ce fut la seule fois — de loger dans un couvent de femmes, faute de tout autre bâtiment; circonstance qui donna au joyeux Bory St-Vincent l'occasion de déployer son esprit. Tout s'y passa d'ailleurs avec tant de courtoisie que les plus jeunes de ces pauvres recluses semblèrent fort contrariées de notre départ.

Arrivé à Villafer, le maréchal reçut de l'empereur l'avis qu'il devait s'y trouver un gué sur l'Esla avec ordre, si on le trouvait, d'y passer sans délai la rivière, et, dans le cas contraire, de se rabattre par Castro-Gonzalo sur Benavente pour venir l'y rejoindre immédiatement [1].

Le gué se trouva effacé par la crue des eaux ; on le sonda vainement pendant une heure ou deux, mais l'impossibilité d'y passer avec l'infanterie paraissant évidente, le maréchal partit au galop pour Benavente en m'intimant l'ordre d'y diriger le corps d'armée et de venir le rejoindre.

Une demi-heure n'était pas écoulée que les intelligents voltigeurs de la division Marchand, se plaisant malgré la raison à chercher ce que les autres

[1] Benavente n'est pas sur l'Esla même: le pont qui y conduit se trouve dans le bourg de Castro-Gonzalo; il avait été détruit, mais on travaillait avec ardeur à le rétablir. — Gén. J.

n'avaient pas su trouver, reconnurent la trace du passage où il était possible de l'effectuer.

Mon embarras fut grand..... J'avais le droit de donner, au nom du maréchal, l'ordre d'opérer le passage désiré par l'empereur et qui pouvait nous faire atteindre plus vite l'arrière-garde anglaise en retraite sur Astorga par La Baneza ; mais après ce qui s'était passé à Vittoria, il m'était bien difficile d'assumer une telle responsabilité.

J'aurais pu, en son absence, risquer d'émettre un ordre pressant sans attendre l'autorisation du maréchal ; mais donner un ordre absolument contraire à celui qu'il m'avait indiqué, c'était trop hardi, surtout dans les dispositions personnelles où il se trouvait à mon égard.

Je crus néanmoins pouvoir conseiller au général Colbert de passer la rivière en proposant au général Marchand de le suivre et de le seconder..... C'était exécuter les intentions de l'empereur. Le brave Colbert, un peu vexé de ce conseil, me répondit que je n'avais pas le droit de lui donner un ordre en mon nom, que si je lui écrivais au nom du maréchal il passerait sans hésiter ; mais il trouvait fort extraordinaire que je me permisse de lui exprimer un conseil compromettant.

Je lui représentai que le maréchal m'avait donné un ordre différent et que puisque je ne pouvais parler qu'en son nom, il ne m'était pas permis d'écrire un mensonge ; mais que si j'étais seul arbitre de la question et maître d'agir en mon nom, je prendrais sur moi de le faire, persuadé que je ferais bien.....

Cette réponse ne fit qu'irriter le général, et au fond nous avions tous deux raison à notre point de vue ; mais si une telle résolution est bonne à prendre de soi-même, il est délicat de la conseiller à un autre.

L'explication qui s'en suivit fut si vive que nous allions nous couper le cou si l'intervention du général Marchand et la nécessité de marcher sans délai sur Benavente ne nous avaient forcés de remettre la querelle à une autre fois. Hélas! une fatale destinée ne permit pas que je pusse fournir au brave Colbert une explication qui l'eût satisfait.

Nous marchâmes donc à Benavente, où nous arrivâmes fort tard. Le pont de Castro-Gonzalo ayant été rétabli, nous franchîmes enfin cet Esla que Soult avait déjà passé vers Mansilla sur la route de Léon.

La cavalerie légère de Colbert fut dirigée en toute hâte sur Astorga par la Baneza. Nous la suivîmes, mais avec moins de rapidité. L'empereur prit la même route ; il était pressé d'arriver à Astorga où Soult, venant de Mansilla, nous avait précédés à la poursuite de l'aile gauche de Moore.

Après avoir passé en revue ce corps d'armée, réuni, comme nous l'avons dit, à celui que Junot avait ramené du Portugal, il s'empressa de le lancer à la poursuite de l'ennemi, dont les traces sanglantes annonçaient le désordre et presque la déroute; malgré les avantages que les longs défilés qui séparent Astorga de Lugo et Lugo de la Corogne, lui offraient, on pouvait espérer de l'anéantir..

La brigade légère du général Colbert, se trouvant sous la main et pleine d'ardeur, fut assignée par l'empereur au corps du maréchal Soult; en échange on nous donna la brigade de dragons du général Fournier; échange fatal, comme on le verra bientôt.

L'armée anglaise, pressée par les motifs politiques et les promesses des Espagnols, s'était aventurée loin de sa base de Lisbonne et de la Corogne, comptant sans doute être approvisionnée par les autorités espagnoles; mais soit négligence de celles-ci, soit que le pays, déjà foulé depuis un an par les armées de Bessières, de Cuesta, de Blake, suffit à peine à La Romana, la disette régna bientôt au camp des alliés. Moore, contraint de se replier sur la Galice, étant déjà coupé du Douro, avait hâte de dépasser Astorga pour nous devancer dans les défilés que traverse la route de la Corogne.

Pour bien comprendre toutes les difficultés que les deux partis avaient à vaincre, il faudrait faire une description détaillée de ces contrées montagneuses, ce qui dépasserait les limites de ces pages et ne suffirait pas sans une carte très détaillée.

Rappelons donc seulement, ce que chacun sait, que la grande chaîne des Pyrénées baignant ses pieds dans la Méditerrannée entre Port-Vendre et Roses, traverse tout le nord de l'Espagne jusqu'à

Fontarabie et St-Sébastien ; puis, inclinant de là vers le sud pour former au nord les provinces de Biscaye et des Asturies, elle se divise à plusieurs reprises en chaînes plus ou moins élevées, mais toutes presque aussi fortes que la chaîne principale qui se prolonge par Mondonedo, aux sources du Minho, jusqu'au cap Ortegal.

Les chaînes les plus importantes qui s'en séparent ou s'y rattachent sont, pour ce qui concerne le théâtre de nos opérations :

1º Celle qui sépare la vieille Castille du royaume de Léon.

2º Celle qui, partant des sources de la Sil, sépare la Galice de Léon et d'Astorga, formant les vallées de Ponteferrada et Villafranca.

3º La troisième, plus élevée, partant des sources de la Navia, se rabat au sud vers Doncos, se rallie à la série des montages qui s'étend jusqua vers Orense et forme le val d'Ores jusqu'à la frontière du Portugal au delà de Zamora.

4º La quatrième enfin, partant de Mondonedo, aux sources du Minho, en forme la vallée en se ralliant d'un côté à la chaîne précédente vers Doncos et de l'autre au contrefort qui sépare Lugo de la province de Betanzos, c'est-à-dire de la Corogne et du Ferrol.

Plus de vingt petits cours d'eau, émanant de ces chaînes ou de la chaîne principale, étaient séparés entr'eux par des contreforts généralement abrupts et assez élevés, ensorte qu'à l'exception de la vallée de la Sil et des environs de Ponte-ferrada et de Villafranca, la belle chaussée qui conduit d'Astorga à la Corogne offrait une série de défilés où, en maint endroit, deux bataillons avec quelques canons pouvaient arrêter une armée.

C'était celle que l'armée de Moore devait suivre. Le corps de La Romana, en se séparant d'elle à Astorga, se dirigea au sud par la vallée de la Sil sur Orense.

Les Anglais étaient parvenus à dépasser Ponte-ferrada non sans de cruels sacrifices de chevaux, de traînards; mais serrés de trop près par Soult, et entassés dans les passages difficiles de Doncos, ils avaient laissé une arrière garde à Villafranca pour gagner un peu de temps.

En arrière de cette ville s'élevaient quelques clos de vignes et de jardins, où deux bataillons écossais étaient postés très avantageusement.

La brigade de l'intrépide Colbert tenait la tête de la colonne de Soult.

Soit par excès de bravoure, comme on l'a dit, soit par d'autres motifs, il s'élance pour reconnaître ou attaquer cette infanterie, si bien postée; il fut mortellement frappé à la tête et les jeunes Latour-Maubourg, ses aides de camp, furent assez grièvement blessés.

C'était une perte réelle. Colbert était sous plus d'un rapport l'ornement de l'armée.

Si les plus beaux hommes de guerre de ce siècle furent sans contestation l'empereur Nicolas et le général Kleber ; si Murat et Baraguey d'Hilliers furent remarqués pour leurs avantages physiques, Colbert fut à la fois un bel homme, un très joli garçon et un officier des plus distingués.

En pensant que s'il avait suivi mon conseil à Villafer il fût probablement resté avec notre corps d'armée et n'eût point été tué..... je ne pus m'empêcher de lui donner d'autant plus de regrets.

Je ne saurais m'étendre sur cette poursuite, qui n'offrit d'autre intérêt que le navrant tableau de quelques villages saccagés et remplis d'hommes mourant de faim ou ivres-morts.

Forcés de marauder pour vivre, les soldats, changés en pillards et ne trouvant guère que du vin, se livrèrent à tous les excès ; la route était jonchée aussi de chevaux, qui, dans ces rochers, ne trouvaient guère de nourriture ; leurs cavaliers ne pouvant les traîner les tuaient pour ne pas les laisser aux Français.

Nous suivions Soult à une marche de distance et nous n'étions guère plus heureux sous le rapport des vivres. Peu d'opérations de guerre furent plus pénibles. Lorsque nous arrivâmes à Lugo nous éprouvâmes une satisfaction aussi vive que si nous fussions arrivés dans la terre promise. Il fallut y séjourner 2 ou 3 jours pour réunir nos bataillons échelonnés sur la route et nous repartîmes pour Betanzos, espérant arriver à temps pour frapper le dernier coup avant le rembarquement de l'armée anglaise; mais Soult n'avait pas jugé convenable de nous attendre.

Il avait en effet de puissants motifs de hâter un dénouement. La flotte anglaise, qui avait dû venir du Portugal à la Corogne pour opérer ce rembarquement, contrariée par les vents, n'était point arrivée et Moore, compromis par ce retard, s'était décidé à défendre les hauteurs en avant de cette place pour gagner du temps.

Instruit de cet état de choses, le maréchal Soult assaillit la ligne des Anglais le 16 janvier; il porta ses efforts sur le village d'Elvira couvrant leur droite; ce village fut pris et perdu jusqu'à trois fois par les divisions Mermet et Merle. Soult crut devoir en rester là.

Le général Moore ayant été tué et ses lieutenants Paget et Baird blessés grièvement, le général Hope fit rentrer l'armée dans la Corogne, où la flotte, heureusement arrivée de Vigo, put la rembarquer le 17; elle dut sacrifier néanmoins le reste de ses chevaux, en les mutilant ou noyant, et une grande quantité de voitures. Au fait cette retraite de Moore ne fut qu'une désastreuse fuite.

Après avoir remis au maréchal Ney les places du Ferrol et de la Corogne, le corps de Soult marcha par Saint-Jacques de Compostelle sur Tuy et ensuite sur Orense, où il franchit le Minho.

Il rencontra une partie du corps de La Romana à Monterey et le culbuta avec perte de 2000 hommes, entra en Portugal par Chaves et se dirigea sur Oporto.

La division Marchand fut destinée à la garde de Saint-Jacques de Compostelle et à observer le midi de la Galice.

La division Maurice Mathieu devait fournir la garde du Ferrol, de la Corogne et de Mondonedo.

La tâche imposée au maréchal Ney était lourde: occuper la Galice, l'organiser, la pacifier et la soumettre au roi Joseph était, dans l'état des affaires et des esprits, une quasi-impossibilité, surtout avec deux divisions seulement.

Divisée en sept provinces, la Galice est avec la Catalogne la contrée la plus peuplée de l'Espagne, habitée par une population active et laborieuse ; les provinces d'Orense, de St-Jacques de Compostelle, de Pontevedra au sud, de Bétanzos, de Lugo, de Mondonedo au nord, auraient exigé chacune au moins un régiment sédentaire.

Les ports importants de la Corogne et du Ferrol au centre eussent demandé une brigade, le dernier surtout qui renfermait l'arsenal maritime le plus considérable et comptait plusieurs milliers de marins et ouvriers de toutes espèces.

Outre cela, les provinces de Mondonedo et de Lugo, confinant aux Asturies en armes, et celle d'Orense, occupée par une partie de l'armée de La Romana, n'auraient été suffisamment contenues qu'avec l'aide d'une division mobile, indépendante des garnisons d'occupation.

Dès les premiers jours, nous eûmes la triste conviction de l'insuffisance de nos forces.

A peine Soult eut-il passé la frontière du Portugal que nous apprîmes la réapparition de quelques détachements de l'armée de La Romana, secondés par des milliers de paysans armés ; bientôt ils réoccupèrent Orense et investirent, à Tuy, les dépôts d'artillerie que Soult avait dû y laisser pour alléger sa marche difficile sur Oporto.

Le maréchal dut envoyer une colonne mobile pour le dégager.

Toutefois, les premiers jours et les premières tentatives de réorganisation se passèrent assez bien ; les autorités civiles de la Corogne, de St-Jacques prêtèrent serment au roi Joseph, ainsi que tous les employés de la marine du Ferrol et un bon nombre d'officiers du corps de La Romana ; parmi ces derniers figuraient Odonel et Quiroga, auxquels je prêtai de l'argent pour se rendre à Madrid et qui, je crois, s'en allèrent rejoindre les insurgés.

Cependant notre quiétude ne tarda pas à être un peu troublée. Un événement des plus extraordinaires vint répandre l'alarme à la Corogne.

La difficulté de nourrir les chevaux du train d'artillerie dans cette ville nous avait forcés à envoyer les compagnies du parc dans quelques villages sur le côté de la route de Betanzos.

Un beau matin, un sous-officier de ces compagnies arriva blessé et à moitié nu, annonçant que ses camarades et lui avaient été assaillis dans leurs logements, pendant la nuit, par des paysans armés et conduits par des prêtres ; il ne savait ce qu'ils étaient devenus.

Après avoir pris les ordres du maréchal, je fis partir deux officiers d'état-major avec quatre compagnies pour aller fouiller et punir ces villages ; ils les trouvèrent déserts, et ne pouvant douter du sort de ces compagnies, dont ils ne recueillirent que quelques débris, ils brûlèrent ce qui se pouvait brûler dans ces maisons de granit.

Cet incident, qui tient du domaine des contes de fées, eut lieu au milieu des troupes qui occupaient Betanzos, la Corogne et St-Jacques.

Pas un soldat espagnol ne se trouvait à 20 lieues à la ronde.

Qu'étaient devenus ces hommes et ces chevaux ? c'est ce que nous n'avons jamais pu apprendre.

On écrivit au marquis de La Romana afin de constater au moins leur sort. En sa double qualité de capitaine-général de la Galice et de chef de l'armée, il devait en avoir connaissance.

Il nous répondit, un peu tardivement à la vérité, qu'il n'en avait jamais eu la moindre notion.

Il paraît que par l'instigation de l'évêque d'Orense, membre fougueux de la Junte insurrectionnelle de Séville, les moines du riche couvent de Samos et ceux de tous les autres établissements religieux avaient organisé des compagnies de paysans pour faire de ces coups de main, même sans le concours des troupes espagnoles.

Quelques semaines plus tard un escadron de hussards se laissa surprendre à Pontevedra et perdit la moitié de ses hommes.

On présuma que cette échauffourée fut dirigée par des détachements d'une division de La Romana laissée sur le Minho, secondés par des habitants insurgés.

Deux autres événements d'une nature plus grave sous le point de vue stratégique vinrent redoubler nos inquiétudes.

Nous avons dit que le marquis de La Romana, en se séparant des Anglais, s'était dirigé au Midi sur Orense par la vallée do Sil.

Cette rivière descendant du groupe des Pyrénées qui domine les Asturies, se dirigeant par Ponteferrada vers le Portugal, se jette dans le Minho en longeant les montagnes du val d'Ores. C'était un chemin tracé par la nature pour relier les divers corps de ce que nous nommions l'armée de La Romana, car grâce à la disposition de nos esprits le marquis jouissait d'une ubiquité inconcevable ; partout où l'on éprouvait quelque malheureux échec, c'était toujours par l'armée La Romana.

Dans le fait comme il était général en chef de l'armée et gouverneur général de la Galice, toutes les troupes régulières ou insurgées se trouvaient sous ses ordres, à Orense comme à Oviedo.

L'occupation, par nos troupes, de la Corogne, du Ferrol et autres ports de la Galice, troublait les communications des Anglais avec l'Espagne, car celle-ci ne pouvait se procurer les armes et les objets d'équipement militaires qu'à Londres et à l'arsenal de Woolwich.

Ces alliés, devenus prudents, comprirent l'importance de s'assurer une nouvelle communication avec le théâtre des opérations, et de l'établir avec les Asturies : c'était à la fois la voie la plus courte et la plus utile.

Guidé sans nul doute par ce motif La Romana se décida à quitter Orense avec une partie de ses forces, pour remonter, par la vallée de la Sil et des sources du Minho, vers les Asturies, où de nombreux insurgés devaient s'organiser. Dans cette marche, il tomba sur un de nos bataillons laissé à Villafranca pour protéger la route entre Lugo et Astorga. Ce bataillon fut en partie enlevé.

Lugo et Mondonedo furent également inquiétés; mais, mieux sur leurs gardes, ils repoussèrent les assaillants, non sans éprouver quelques pertes.

Ces contretemps, quoique légers en apparence, eurent de graves résultats : ils ébranlèrent fortement la confiance que les habitants de la Galice pouvaient avoir dans la durée du règne de Joseph, et tous les paysans de la vallée de la Sil, du val d'Ores, excités par l'évêque d'Orense et les moines de Samos, secondés de petits détachements, se soulevèrent et rendirent nos communications avec le reste de l'Espagne presque impossibles, tandis que celles des Espagnols du nord avec le Portugal restaient entièrement ouvertes.

Depuis ce moment nous fûmes comme séparés du reste de l'Europe.

Nous savions que Napoléon, retourné en France pour combattre l'Autriche, avait laissé le commandement de l'armée au roi Joseph, assisté du maréchal Jourdan. Mais ce monarque ne pouvait communiquer avec nous et ne donnait pas signe de vie.

Nous envoyâmes d'abord un régiment, puis une brigade entière, pour protéger une dépêche jusqu'à Astorga ; la brigade trouva les passages de Doncos et de la vallée de la Sil si fortement gardés que, conformément à ses instructions, elle crut devoir revenir à Lugo.

Nous dûmes prendre patience, dans la conviction que Napoléon ou le roi Joseph, pouvant disposer de forces plus considérables, finiraient par s'occuper de rétablir les communications.

Dans ces mois de repos mes relations avec M. Cassaing, secrétaire du maréchal, étaient devenues plus intimes. C'était un Breton d'un caractère et surtout d'un extérieur très flegmatique, mais qui était homme de mérite. Il s'était un peu humanisé aussi avec M. Esmenard dont il appréciait les services.

Un jour où je me récriais sur l'accueil qu'on m'avait fait à Vittoria et sur l'étonnant changement survenu dans les procédés du maréchal à mon égard, Cassaing eut la franchise de me dire : « Vous avez des envieux et vous avez été desservi ;

il paraît que madame la maréchale a informé son mari de *cancans* qu'elle aurait entendus aux Tuileries sur l'influence que l'on vous attribuait.

« Du reste, ajouta-t-il, il ne faut pas tant vous étonner ; lorsque vous étiez son premier aide de camp vous faisiez partie de sa maison, vous étiez à lui; aujourd'hui vous êtes chef d'état-major du corps d'armée, vous avez vos fonctions et vos devoirs. »

Cela expliquait, sans me consoler, ce pénible changement que j'avais attribué au projet de mariage prussien et à la composition de l'état-major.

Dans ces entrefaites, Napoléon, à la veille d'entrer en campagne contre l'Autriche,[1] avait fini par être inquiet de notre position et de notre silence.

A la vérité il apprenait indirectement par les journaux anglais les petits exploits des insurgés ; ils le rassuraient sur notre existence, mais non sur les résultats de notre position.

Il sentit l'importance de remédier à cet état de choses et comprit que le meilleur moyen serait d'envoyer au-devant de nous une division assez forte pour enlever le passage et concerter ensuite une expédition pour soumettre les Asturies. Le général Kellermann fils (C¹ᵉ de Valmy) fut chargé de ce soin. C'était au moment où la guerre recommençait sur les bords du Danube.

Parti de Léon, Kellermann arriva le 2 mai à Lugo, où le général Maurice Mathieu devait être

---

[1] Napoléon était reparti de Valladolid pour Paris le 17 janvier.
L.

envoyé dans le but de rétablir les communications. Là se combina avec le maréchal Ney la double et rude expédition projetée contre les Asturies, dont Oviedo était le principal objectif.

Il s'agissait de franchir la chaîne des Pyrénées, qui forme en s'inclinant de St-Sébastien vers le sud, puis en se prolongeant jusque vers le cap Ortegal, l'enceinte des Asturies, où l'on arrive par les sources de la Lona à l'est, et par celles de la Navia à l'ouest. Cette contrée est habitée par une population guerrière, qui était alors exaltée par la présence de La Romana.

Le maréchal Ney, partant de Lugo devait franchir la chaîne aux sources de la Navia; le général Kellermann, partant de Léon, déboucherait par la vallée de la Lena.

En me communiquant ce projet, le maréchal me dit que je devais rester à la Corogne avec le général Marchand, qui le remplacerait pendant son absence, attendu qu'étant au courant des affaires je serais plus utile au chef-lieu et qu'il lui suffirait de prendre avec lui mon sous-chef d'état-major Delachasse de Vérigny, qu'il m'avait tant reproché de lui avoir amené.

J'étais loin de pouvoir me plaindre de cette résolution, car je me doutais bien qu'après le départ de la moitié du corps d'armée la Galice serait fortement inquiétée. En effet, nous eûmes bientôt à essuyer de rudes épreuves, et je vais en esquisser en peu de mots les étonnantes péripéties.

N'ayant pas assisté à l'expédition sur Oviedo[1], je me bornerai à dire ce que j'en ai su dans le temps, en essayant de l'accorder avec les relations publiées plusieurs années après. Partout les colonnes françaises eurent à lutter contre des troupes d'insurgés plus exaltés que redoutables ; partout elles les culbutèrent avec plus ou moins de perte, mais aucun combat sérieux contre les troupes régulières de La Romana n'eut lieu. Le bruit courut que ces troupes, instruites heure par heure de nos mouvements, avaient filé d'un côté de la Navia tandis que nous marchions de l'autre, et que c'étaient elles qui étaient venues fondre sur Lugo au moment où le maréchal entrait à Oviedo. D'autres versions postérieures ont dit que le marquis s'était embarqué à Gijon, pour aller rejoindre à Vigo la partie de son armée qui était restée sur les frontières du Portugal ; mais on ne dit pas que ces troupes s'embarquèrent avec lui.

L'incertitude dans laquelle nous étions sur les mouvements des ennemis paraîtra fabuleuse à ceux qui n'ont pas pris part à cette guerre ; nous ne savions absolument que ce que nous pouvions voir par nos propres yeux.

Dans le fait, au moment où le maréchal, après après avoir enlevé Oviedo, capturait dans le port de Gijon les riches dépôts de toute espèce apportés d'Angleterre, une des divisions de La Romana

[1] Pour cette expédition le maréchal Ney partit de Lugo le 18 mai. — L.

tombait comme des nues sur Lugo, où le général Fournier se trouvait avec une partie du 69me régiment et un régiment de dragons.

Venait-elle d'Orense ou des Asturies ? C'est ce que l'on ignorait entièrement. On ignorait de même si c'était en effet une partie des troupes que l'on se flattait d'envelopper à Oviedo et qui tombaient ainsi au milieu de nos détachements épars. C'était piquant.

C'était en outre menaçant, car un orage non moins sérieux venait fondre sur nous du côté du midi.

Le général Marchand, en venant remplacer le maréchal à la Corogne, avait laissé au vaillant général Maucune le soin de couvrir St-Jacques de Compostelle avec sa faible brigade dont les détachements avancés occupaient Caldas de Rey..... La tâche était périlleuse, car les troupes laissées par La Romana sur le Minho entre Vigo et Ribadavia ne montaient pas à moins de 10 à 12 mille hommes.

Attaqué par des forces triples, Maucune dut se replier sur St-Jacques de Compostelle avec la perspective de se retirer le lendemain sur la Corogne.

Ainsi, le général Marchand et moi, nous nous trouvions coupés de Lugo et sans communications avec le maréchal, dont nous savions néanmoins l'entrée à Oviedo. Nous nous apprêtâmes à défendre le mieux possible la Corogne et le Ferrol avec quelques bataillons, à peine suffisants pour une garnison de police en temps de paix. La population maritime de l'arsenal du Ferrol, qui n'était gardée que par un seul régiment, aurait suffi pour anéan-

— 64 —

tir cette garde, dès que les troupes espagnoles se seraient montrées devant la Corogne, où nous n'avions également que deux bataillons.

Nous nous préparions donc à une lutte désespérée, lorsqu'une nouvelle aussi inattendue qu'extraordinaire vint subitement changer la face des affaires. Ce fut une série de coups de théâtre peut-être sans exemples dans les fastes de la guerre.

Au moment où nous nous attendions, à la Corogne, à voir paraître la petite troupe de Maucune suivie par le corps de Norunha et où nous espérions avec anxiété le retour du maréchal pour dégager Lugo, nous apprenons successivement et coup sur coup :

1° Que les Espagnols, loin de suivre Maucune, se replient sur le Minho ;

2° Que le corps du maréchal Soult, que nous croyions en Portugal, arrive sur le Minho vers Orense, après avoir été battu par Wellington à Oporto [1] ;

3° Que Soult se dirige sur Lugo pour ravitailler ses troupes affamées ;

4° Qu'au moment où il arrive à Lugo, le maréchal Ney y revient des Asturies avec la division Maurice Mathieu.

On peut se figurer la stupéfaction des deux maréchaux, se croyant à 100 lieues l'un de l'autre,

---

[1] Entré à Oporto le 29 mars, après un brillant combat, Soult y avait été surpris les 11/12 mai et avait pu, après de fortes pertes, atteindre Orense le 19 mai. — L.

privés de toutes nouvelles de leurs opérations, grâce à l'insurrection générale qui interceptait toute relation entr'eux comme avec le quartier-général de Madrid, de se retrouver ainsi *nez à nez* (pardon pour l'expression). Mais, si leur étonnement fut grand, celui du général Marchand et le mien durent nécessairement ne pas être moindre, car cette réunion inespérée nous tirait d'un cruel embarras.

Le premier élan de joie passé, il fallut se hâter de prendre de grandes résolutions.

Soult, pour échapper à une perte inévitable, avait dû franchir des montagnes impraticables aux voitures et y avait laissé son artillerie ; on se hâta de lui en fournir des arsenaux de la Corogne et du Ferrol. Puis les deux maréchaux se concertèrent sur l'emploi de forces aussi considérables entassées aux environs de Lugo, où l'on avait peine à entretenir la brigade Fournier.

Ayant dû rester à la Corogne, où le maréchal ne tarda pas à revenir, je n'assistai pas à la conférence et n'eus pas même communication de la convention signée par les deux maréchaux[1]. Cette circonstance eut des conséquences assez graves, comme on le verra plus loin.

Quelque embarras que j'éprouve à raconter tout ce qui se rappporte à cette convention, qui a donné lieu à tant de faux jugements, il m'est impossible de ne pas dire toute la vérité.

[1] Cette convention fut signée à Lugo le 29 mai. — L.

A son retour à la Corogne, le maréchal me dit :
« Que le maréchal Soult devait marcher avec son corps sur Orense ; qu'il y appuierait sa droite, tandis qu'avec une partie de ses troupes il marcherait à travers les montagnes sur Zamora dans la vallée du Douro, afin d'ouvrir la communication avec le roi Joseph et le reste de l'armée. Pendant cette expédition le maréchal Ney se chargeait de chasser de la Galice les troupes de La Romana et de les rejeter au-delà du Minho. »

Ce projet était si rationnel que je n'aurais certes rien eu à y objecter ; mais il y eut un malentendu déplorable qui en changeait le fond, comme on le verra plus loin.

Quoiqu'il en soit, le maréchal Ney réunit la division Marchand et la cavalerie pour se mettre en devoir d'exécuter la partie qui le concernait.

Nous marchâmes sans encombre, le 7 juin, sur Pontevedra, d'où nous devions nous porter sur Vigo et Tuy.

La route traverse une petite rivière, le Rio Cavelas, assez insignifiante dans son cours, mais qui, se jetant dans la célèbre baie de Vigo, est assez large et surtout profonde, car la marée y remonte. On la traverse sur un pont de pierre assez long, près du village de Puente-san-Payo. Les Espagnols en avaient fait sauter deux arches, et deux pièces de canon, placées à la rive opposée, en défendaient l'accès. Notre artillerie les eut bientôt réduites au silence ; mais une chaloupe canonnière portant deux pièces de 12, venant de la baie de Vigo, nous lançait quelques boulets mal dirigés; l'un d'eux troubla cependant notre déjeuner en venant frapper à la muraille.

On tenta de chercher un gué ; mais cela était difficile à cause de la vase profonde apportée par la marée montante.

Le maréchal prit alors le parti de remonter la rivière, où le passage devait être beaucoup plus facile. L'affaire fut remise au lendemain. Dans ces entrefaites, un détachement, poussé dans la direction de Ribadavia pour nous flanquer, rapporta qu'il y avait trouvé l'ennemi et que Orense, loin d'être occupé par le maréchal Soult, devait être au pouvoir des Espagnols, attendu que tout le corps de Soult était parti pour rentrer en Castille.

Le maréchal Ney, très profondément persuadé que Soult devait se borner à une reconnaissance sur Zamora en conservant sa base à Orense, entra dans une vive colère. Il prit sur le champ la résolution de retourner à la Corogne, considérant son expédition non seulement comme inutile, mais comme compromettante.

Toutes les suppositions étaient faites, même les plus noires : « Quel événement grave avait pu porter Soult à ce mouvement d'évacuation totale? Aurait-il été poursuivi par les Anglais de Wellington ou les Portugais de Beresford joints aux divisions de La Romana? Le roi Joseph serait-il menacé dans Madrid? »

Tout cela était malheureusement possible ; mais ce n'était pas la réalité. Ney, qui n'avait pas une vive tendresse pour son collègue Soult — leur rivalité datait de l'armée de Sambre et Meuse — s'exagérait les choses par un malentendu dont on trouvera plus loin l'explication.

Aussitôt revenu à la Corogne, le maréchal Ney réunit, contre son habitude, les deux généraux de division et celui de l'artillerie, et me fit appeler.

Il nous dit que le maréchal Soult avait manqué à ses promesses et le plaçait ainsi dans un grand embarras, car si les troupes qui l'avaient forcé à quitter le Portugal allaient entrer en Galice, nous pourrions moins que jamais communiquer avec le roi et les autres corps d'armée, et encore moins disperser nos 8 régiments pour garder le pays. Il désirait avoir nos avis pour prendre un parti. Tout le monde appréciait les embarras de la situation et montrait une certaine hésitation. Invité à parler à mon tour je représentai :

« Que si nous n'avions pas les précieux établissements du Ferrol et de la Corogne à garder, je n'hésiterais pas à conseiller un mouvement de concentration tout stratégique ; mais que, dans l'impossibilité d'abandonner la flotte et les arsenaux si précieux et un port comme la Corogne, je croyais qu'il serait bon de porter vivement une de nos divisions sur Astorga pour ouvrir la communication avec la Castille et demander des ordres précis au roi Joseph. Sans doute, une telle résolution offrait bien des inconvénients en séparant ainsi nos divisions ; mais qu'entre deux maux il fallait choisir le moindre. »

Les généraux inclinaient assez à partager cette opinion, lorsque le maréchal déclara que, tout en reconnaissant la justesse de la proposition, il ne consentirait point à scinder son corps en deux en abandonnant une de ses divisions ; qu'il fallait rester tous ou partir tous ensemble.

La question ainsi posée, je répondis : « Dans ce cas, M. le maréchal, mon opinion est qu'il vaut mieux partir tous. Nous ne savons pas si les ennemis qui ont vaincu Soult ne le poursuivent pas en Castille et ne s'interposent pas entre nous et tout le reste de l'armée : Qui sait même si Wellington ne remonte pas la vallée du Tage pour se joindre aux armées espagnoles et pour chasser le roi de Madrid ? Pouvons-nous rester ici les bras croisés, cernés par des milliers d'insurgés ? Quels reproches ne nous ferait-on pas si les choses allaient mal en Castille ? »

Tout le monde convint qu'il n'y avait pas à hésiter et le départ fut résolu pour le 22 juin.

Il est essentiel de remarquer que tout cela était basé sur l'assertion du maréchal que Soult avait manqué à sa promesse de maintenir une partie de son corps à Orense ; ce qui rendait sa disparution plus inquiétante, c'est qu'on ne pouvait la croire volontaire et qu'on devait, au contraire, l'attribuer à de graves dangers.

L'évacuation d'un pays insurgé et occupé par des détachements est toujours une opération délicate et difficile ; c'était surtout le cas de celle du Ferrol, où la marine espagnole était plus nombreuse que la garnison.

Cependant, tout se passa bien, grâce aux mesures prises. On emmena jusqu'aux fonctionnaires espagnols qui avaient montré assez de zèle pour la cause du roi Joseph et demandèrent à nous suivre.

Le plus difficile était d'évacuer les nombreux malades et blessés que Soult, revenant du Portugal, avait laissés sous la garde d'un détachement et qui durent se réunir dans la vallée du Minho.

Le maréchal me chargea, de concert avec le général Labassée, d'ouvrir la route de Villafranca et Pontferrada en escortant ces 12 à 1500 malades ou éclopés.

Ce convoi de 3 à 400 voitures d'une espèce toute particulière et traînées par des bœufs était un terrible embarras dans ces défilés étroits et remplis de paysans armés.

A part quelques centaines de coups de fusils, tirés sur l'escorte et sur les voitures, tout se passa bien, et, par un hasard bizarre, ce fut notre état-major qui courut le plus grand danger.

Aux environs de Doncos et de Nogales la route est resserrée par des rochers à pic assez élevés qui semblent des murailles. Dans un contour qu'elle fait pour tourner le pied d'une montagne, il y avait une grotte comme taillée par la main des hommes à la hauteur de 30 pieds au dessus de la route, d'où on l'apercevait à peine. Un de nos bataillons était en position en avant de ce passage, un autre était placé derrière, sur la montagne.

Je suivais ce contour avec mon sous-chef d'état-major, Bory de St-Vincent, et les autres officiers de l'état-major, escortés par la compagnie des sapeurs. Le temps était magnifique ; mes compagnons, pour se distraire des ennuis de la route, chantaient à gorge déployée toutes les romances de chevalerie de leur répertoire, lorsqu'une salve de coups de fusil, tirée sur nous de la grotte, vint frapper deux hommes de notre suite. C'était une vingtaine d'insurgés, blottis dans ce refuge entre deux de nos bataillons, qui avaient fait ce coup hardi.

Les sapeurs se mirent en devoir d'aller les punir, mais le roc était à pic et il aurait fallu courir bien loin pour trouver un chemin.

Nous finîmes par rire de cette surprise qui, sans la maladresse de nos ennemis, aurait pu être fatale au moins aux quatre chanteurs placés avec moi au premier rang.

On m'accusera de donner trop d'importance à cette anecdote, et pourtant je fus là aussi exposé à être tué ou estropié que dans cinq ou six grandes batailles. Ainsi est la guerre : une vraie loterie pour les individus. Je n'en parle du reste que comme caractéristique de celle que nous faisions en Espagne.

Enfin, nous arrivâmes, le 7 juillet, à Astorga, où tout le corps d'armée fut bientôt réuni.

A peu près en même temps, le corps du maréchal Soult arrivait à Zamora.

Pendant notre sorte d'exil en Galice les armes françaises avaient eu de notables avantages sur divers points du royaume. Le roi Joseph s'était réinstallé solennellement à Madrid le 22 janvier et rélargissait son cercle d'action.

Vers le sud, les débris de l'armée d'Andalousie, rassemblés à Cuenza, avaient été refoulés derrière le Guadiana par les corps de Lefebvre et de Victor, après deux chauds combats près Merida et à Uclès. Dans ce dernier, le 13 janvier, Victor enleva au duc de l'Infantado environ 10 mille prisonniers et 30 canons. Une autre brillante victoire avait été remportée par le même corps d'armée à Medelin le 28 mars sur l'armée de Cuesta, tandis que la veille Sebastiani battait celle de l'Infantado à Ciudad-Real.

Dans l'est St-Cyr avait infligé de nombreuses défaites aux troupes de Vivès et de Reding. Malgré les secours de la flotte anglaise, il avait réussi à se maintenir à Barcelone et à battre complètement Reding à Alcover le 25 février. Mais sa situation devenait difficile.

L'héroïque Saragosse était enfin tombée, le 21 février, aux mains de Lannes, après un second siège meurtrier, de plus de deux mois.

Toutefois nos récents revers dans l'ouest, joints à l'arrivée d'incessants renforts anglais en Portugal, allaient aggraver singulièrement le caractère de la nouvelle campagne qui s'annonçait, dès notre retour de la Galice, pour l'été 1809.

CHAPITRE IV

Incidents divers concernant l'évacuation de la Galice. — Mission au quartier impérial à Vienne pour la justifier. — Appréciations de Napoléon sur les affaires de la Péninsule.

A Astorga, où nous devions nous refaire un peu, se produisit l'incident grave qui devait apporter un grand changement dans les appréciations de notre retraite, et quelque regret que j'éprouve de dévoiler toute la vérité, il me paraît impossible de ne pas le faire. Je vais l'exposer sans détours.

Lors de la réunion des deux états-majors à Lugo, des bruits sérieux y avaient couru au sujet d'une tentative faite par le maréchal Soult pour se faire nommer roi par la nation portugaise. Il y avait des proclamations imprimées, des circulaires aux généraux, etc. On accusait Soult de trahison, et, quoique ce bruit fût encore assez vague à l'époque du conseil tenu à La Corogne, peut-être contribua-t-il un peu à la résolution du maréchal Ney de quitter la Galice.

Quoiqu'il en soit, il fut fortement affecté en arrivant à Astorga d'apprendre que le roi Joseph témoignait l'intention de donner le commandement à Soult, lorsqu'ils se trouveraient réunis. Indépendamment de cette circonstance, il jugeait qu'il était indispensable de bien expliquer à l'empereur tous les motifs qui l'avaient déterminé à quitter la Galice et il m'engagea à me rendre à cet effet à Vienne, en Autriche, attendu que je pouvais, mieux que personne, remplir cette mission. Par la même occasion, il me chargeait d'exprimer à Napoléon le vif désir qu'il éprouvait d'aller combattre sous ses yeux.

Les dernières nouvelles que nous avions reçues de l'armée d'Allemagne étaient celles de la sanglante bataille d'Essling (22 mai 1809), qui, malgré tout ce qu'on en disait et malgré son indécision, était plutôt une défaite qu'une victoire et laissait l'armée dans une position critique.

Puis il ajouta : « Aux griefs particuliers que j'avais contre le maréchal Soult venaient se joindre les accusations élevées contre lui dans sa propre armée au sujet de ses proclamations du prétendu royaume de Portugal. Voici cette proclamation imprimée à Oporto et voici la circulaire du chef d'état-major (général Ricard) aux généraux du corps d'armée en leur communiquant ce document. »

Quelle qu'eût été la difficulté de ma position personnelle auprès du maréchal, il est certain que je ne pouvais que me réjouir d'une pareille mission, qui était un témoignage de haute confiance et qui allait me rapprocher du quartier impérial, le centre d'importants événements.

En allant prendre congé du maréchal, il me remit une lettre pour l'empereur, m'accréditant comme chargé de lui donner verbalement toutes les explications qu'il pourrait donner lui-même.

Je me rendis chez son secrétaire Cassaing pour recevoir l'argent des frais de poste avant de monter en voiture. Cassaing, qui avait écrit la lettre à l'empereur, me dit avec l'air narquois qui le distinguait: « Eh! qu'allez-vous faire à Vienne? » Lui ayant expliqué surtout l'accusation de manque de parole et de violation de la convention de Lugo, il me demanda si je l'avais lue. Sur ma réponse négative il me dit : « Prenez garde, il faut absolument que vous la lisiez et je crois de mon devoir de vous la communiquer. » Il me montra une feuille de papier signée par le maréchal, dans laquelle il était convenu que le corps Soult, laissant à Orense ses blessés, malades ou fatigués sous la garde d'un détachement, marcherait vers Zamora et la vallée du Douro, pour se lier avec l'armée de Castille et attendre les ordres du roi[1].

Cet acte était si différent de ce qu'en disait le maréchal que je fus forcé de rentrer chez lui et de lui dire que, jaloux de répondre à ses désirs le mieux possible, j'avais prié M. Cassaing de me communiquer la convention en question et que

[1] Je n'ai pas l'original sous les yeux; toutefois j'atteste qu'il n'était nullement question de garder une partie du corps à Orense, mais de le porter tout entier sur Zamora, laissant les *impédimenta* seuls à Orense. — Gén. J.

j'avais aperçu, à mon grand regret, que Soult n'y avait point manqué ; puis je la plaçai sous ses yeux pour l'en convaincre.

Sa colère égala sa surprise. Il me dit qu'ils avaient fait leur convention verbalement sur la carte de Soult, qui l'avait rédigée et en avait écrit un double, et qu'il était convaincu que ce double n'était pas pareil à la première rédaction qu'il avait lue et signée.

« Mais, M. le maréchal, lui dis-je, ce double est aussi signé de vous. » — « C'est vrai, je l'aurai signé, croyant qu'il était entièrement conforme à l'autre dont Soult s'est emparé. »

Il est possible, sans doute, qu'un maréchal de France, ayant lu et signé un acte, ait signé séance tenante la copie sans en vérifier l'exactitude ; mais comment admettre un maréchal faussant cette copie ?[1]

Dans tous les cas, le fait était extraordinaire et il fallait toujours aller justifier à Vienne le parti d'évacuer la Galice.

Je représentai donc au maréchal que je pouvais parfaitement démontrer la convenance stratégique de l'opération et insister, mais seulement jusqu'à un certain point, sur l'occupation d'Orense promise.

Le maréchal persista dans sa résolution, dont je raconterai le résultat.

Je ne saurais me dispenser de faire observer que

---

[1] Voir à l'*Appendice* notre *note* relative au fâcheux malentendu amené par la convention de Lugo. — L.

si le maréchal eût communiqué cette convention aux généraux et à moi, nous eussions certainement opiné pour attendre en Galice le résultat de cette opération sur Zamora et des ordres de Madrid. C'eût été la plus rationnelle des résolutions, et pourtant, par la tournure que prirent les événements, il est certain que notre marche concentrique sur Astorga aurait pu avoir les suites les plus heureuses si la mésintelligence entre les généraux n'y avait pas mis obstacle.

Je partis d'Astorga avec le général Maurice Mathieu et une petite escorte de cavalerie ; nous arrivâmes sans encombre, sauf quelques minimes alertes, jusqu'à Vittoria, où nous nous séparâmes.

Ici commencèrent les petites tribulations inséparables des guerres d'insurrection et de bandes armées. C'était entre Vittoria et les Pyrénées que le fameux Mina avait établi le théâtre de ses exploits. Battant tour à tour les routes de la Navarre et de la Biscaye, il inquiétait assez souvent la route de Tolosa à Vittoria, mais n'y faisait que de très courtes apparitions, par la raison qu'elle était journellement sillonnée de détachements allant et venant.

Comme chargé de mission, on me proposa une escorte de 5 à 6 fantassins, vu le manque de cavalerie ; mais je pensai que forcé d'aller au pas avec cette escorte, elle serait plus dangereuse qu'utile en triplant la durée du trajet, et si une bande de 20 à 25 hommes à cheval nous tombait dessus, mes fantassins en tueraient bien quelques-uns, mais ne me sauveraient pas. Je préférai donc m'en remettre à la Providence.

Par un de ces caprices bizarres du destin, la circonstance qui devait m'inspirer quelque confiance faillit me devenir funeste.

Un convoi d'une dizaine de voitures avec une escorte était parti le même jour de Mondragon pour Vittoria, sans que j'en fusse instruit.

J'étais dans ma voiture avec deux domestiques sur le siège (un mulâtre et mon brave Liébart), dont un armé d'un fusil et l'autre de pistolets. Arrivé, après une heure de marche, sur le premier chaînon des hauteurs, j'aperçus sur le côté droit de la route deux hommes à cheval qui, malgré leur costume de drap brun et leur large feutre, avaient l'air d'éclaireurs militaires (et c'en étaient en effet). A peine eurent-ils passé du côté droit de la route sur le côté gauche, qu'ils s'éloignèrent au trot vers l'ouest.

Cela me parut de mauvais augure et je résolus de hâter ma marche; mon mulâtre parlant bien l'espagnol, je fis signifier au postillon qu'il serait amplement récompensé s'il allait au galop sans s'arrêter jusqu'à Mondragon et que s'il bronchait on ferait feu sur lui. A peine la leçon avait-elle été faite, que nous entendîmes au loin une décharge de 40 à 50 coups de fusil: il était évident qu'un convoi venait d'être attaqué. Le postillon demanda s'il devait continuer ou rétrograder. Je le fis arrêter un instant, afin de m'assurer si les coups de fusil se renouvelleraient. Dans le cas contraire, je pensais que le silence serait la preuve que les guérillas, ayant réussi dans leur attaque, s'empresseraient de quitter la route et d'emmener leurs captures, ou, s'ils avaient échoué, qu'ils ne resteraient pas exposés aux détachements que le bruit devait amener sur les lieux, et je pourrais alors joindre le convoi plus ou moins mutilé.

N'entendant plus rien, je montrai au postillon un quadruple en or d'une main et mon pistolet de l'autre, en lui faisant signe de partir vivement.

Après avoir parcouru la distance d'un quart de lieue, nous arrivâmes au déclin des hauteurs qui encaissent le petit ruisseau de Salinas (je crois du moins que c'est son nom). Cette pente inclinée en deux talus se termine par un pont de pierre que l'on voit de fort loin et nous aperçûmes confusément quelques débris du convoi.

Je fis renouveler au postillon l'ordre de redoubler de vitesse. Arrivés au pont, nous vîmes deux corps sans vie : l'un était celui d'un officier de dragons et l'autre celui d'une femme, jetés dans un fossé sur le bord du chemin ; deux ou trois fourgons dételés et renversés ; nous traversâmes au galop le défilé et arrivâmes enfin à Mondragon. La chaleur avait été extrême ; j'avais une migraine violente qui me força à prendre quelque repos. Je repris néanmoins le chemin de Tolosa. J'en repartis le lendemain, ne m'arrêtant qu'à Châteaudun pour voir le maréchal et à Paris pour voir le ministre de la guerre.

J'appris durant ce trajet la nouvelle de la victoire

de Wagram, qui avait glorieusement vengé le demi-échec d'Essling. Je n'en fus que plus pressé d'arriver à Vienne.

On m'excusera de m'être étendu sur ces détails en apparence puérils et qui signalent néanmoins toutes les tribulations auxquelles étaient exposés les officiers isolés et même les petits détachements dans cette guerre cruelle, où l'ennemi est partout et nulle part.

Aussitôt arrivé à Vienne, je me rendis au palais de Schönbrunn avec une émotion que chacun comprendra.

Napoléon était trop enfant gâté de la victoire pour que le mot d'évacuation et de retraite ne tintât pas désagréablement à ses oreilles.

Je savais que les Anglais se vengeraient de la défaite de Moore à la Corogne en faisant sonner bien haut l'abandon volontaire du Ferrol, dont ils se hâtèrent d'emmener la flotte, de peur que nous ne revinssions bientôt la prendre. Je me présentai donc au terrible vainqueur avec un certain émoi et néanmoins avec une ferme confiance que je parviendrais à faire prévaloir les avantages stratégiques évidents sur les inconvénients politiques, incertains ou douteux.

Cette conversation rappelle une circonstance trop importante dans ma vie pour que je n'essaie pas de la reproduire.

Après avoir ouvert la lettre, qui ne lui disait rien

que d'avoir confiance au tableau que je lui exposerais, Napoléon me dit :

« Eh bien, qu'avez-vous à me dire pour expliquer une telle résolution, qui peut avoir de si fâcheux résultats sur les affaires d'Espagne ? »

J'exposai à l'empereur les difficultés de soumettre et d'organiser la Galice ; pour cela, il faudrait l'occuper en forces suffisantes, de manière à avoir des garnisons dans les 7 provinces et des colonnes mobiles pour battre la campagne.

Passant ensuite à l'exposé de l'état où nous nous trouvions au moment où Soult tomba à l'improviste sur Orense, je parlai de l'entrevue de Lugo, disant que le maréchal Ney était resté dans la conviction que Soult devait se charger de l'occupation d'Orense en y laissant au moins une de ses divisions.

Je fis ressortir toutes les conjectures alarmantes qui devaient résulter de la disparution complète de ce corps[1]. Wellington victorieux pouvait l'avoir assailli sur le Douro et complété sa défaite de concert avec l'armée portugaise de Beresford ?

Wellington au contraire pouvait s'être porté sur le Tage et, réuni aux deux armées espagnoles de Cuesta et Vanegas, envahir la Castille et menacer Madrid ?

[1] Il ne faut pas oublier que cette disparution nous avait été présentée comme contraire à ce qui était convenu, ce qui la rendait plus grave ; cependant les événements de Talavera prouvèrent, un mois après, que dans tous les cas nous avions bien fait. — Gén. J.

Devant ces éventualités, rester en Galice les bras croisés et cernés par 20 mille insurgés était impossible, car nous ne pouvions pas la soumettre, et Wellington, victorieux sur le Tage, pourrait ensuite nous cerner là comme dans une sourricière, grâce aux défilés et aux populations soulevées, aidées par La Romana.

Enfin, pour compléter le tableau, j'ajoutai que les dernières nouvelles que nous avions de l'armée étaient celles de la bataille d'Essling, qui l'avait mise dans une position assez délicate pour nous faire croire que de longtemps on ne pourrait envoyer des renforts en Espagne et qui avaient même inspiré au maréchal le vif désir d'être appelé à venir combattre en Autriche sous les yeux de Sa Majesté.

Je me hâtai d'ajouter que si nous avions prévu la glorieuse victoire de Wagram, nous eussions peut-être hésité, bien que notre mouvement de concentration fût dicté par l'intérêt militaire.

Ce correctif n'empêcha pas Napoléon de se récrier contre ma supposition que la bataille d'Essling eût été un revers. A ces mots il s'écria :

« Comment donc avez-vous imaginé que la bataille d'Essling ait été perdue ? N'ai-je pas gagné la moitié du champ de bataille ? Si je n'ai pas atteint tout mon but, qui était de m'emparer du Danube, je suis resté maître du grand bras et de l'île de Lobau ! »

— Sire, cela est incontestable, pour le point d'honneur ; mais votre Majesté eût probablement préféré n'avoir gagné que le tiers du champ de bataille et être à la place de l'archiduc Charles ?

Napoléon sourit et dit: « Mais en définitive, vous voyez que ma position après Essling n'était pas aussi mauvaise qu'on s'est plu à le dire. »

Puis, revenant à ce que j'avais exposé relativement à l'éventualité de la marche de Wellington sur Madrid, il me dit encore :

« Comment avez-vous pu croire que les Anglais s'aventureraient ainsi au centre de l'Espagne après la rude leçon que l'armée de Moore venait de recevoir à la Corogne ? Ils n'ont pas tant de troupes à sacrifier sur le continent. »

Comme j'insistais sur les grands avantages stratégiques de cette résolution, l'empereur dit en riant: « Voilà la manie de Messieurs les tacticiens ; ils supposent que l'ennemi fera toujours ce qu'il devrait faire ! Mais, s'il en était ainsi, on n'oserait pas se coucher à la guerre, puisque ce serait le moment le plus opportun pour l'ennemi d'attaquer une armée. »

Je me permis de faire observer à Sa Majesté que s'il était fâcheux d'attacher trop d'importance à l'habileté de ses adversaires, on ne pouvait pas sans danger les croire toujours incapables de prendre de sages résolutions et de frapper des coups à propos.....

Tenant à soumettre à l'empereur tous les motifs qui avaient influencé la résolution du maréchal et au nombre desquels était sa défiance envers le maréchal Soult, il ne m'était pas permis de passer sous silence la proclamation du royaume indépendant de Portugal. Aussi je m'étais muni des deux documents qui la constataient. Mais, dès que j'en fis mention, l'empereur m'interrompit en me disant :

« Je sais tout cela ; mais comment le maréchal a-t-il pu prendre au sérieux de pareilles absurdités ?

» Un maréchal de France se proclamant, sous mon règne, roi indépendant de la France!! et avec une armée française ; mais il serait arrêté par ses aides-de-camp! »

Je crus d'autant plus inutile d'insister que je savais que Soult, nous ayant devancés en Castille, avait envoyé le colonel Girardin à l'empereur, pour lui rendre compte de cette affaire avec ses circonstances atténuantes.

Il paraît que Soult, ne voyant aucun moyen de se maintenir à Oporto entre une armée anglaise et un pays soulevé au point que tous les habitants s'enfuyaient, avait cru devoir créer des autorités portugaises afin d'administrer les provinces occupées et de requérir légalement les vivres que le pillage seul avait procurés.

Les Alcades et les Corrégidors s'enfuyant par ordre, il fallait en nommer d'autres, et pour les faire accepter par le peuple, il fallait lui assurer l'indépendance. Cela était spécieux, mais il était nécessaire de parler au nom d'un roi étranger pour atteindre ce but.

L'empereur m'ordonna de revenir à une heure qu'il m'indiqua.

Lorsque je me présentai dans son cabinet, je le trouvai avec le prince Eugène, vice-roi d'Italie et le maréchal Masséna; il remit sur le tapis la question de la proclamation d'Oporto et la naïveté que l'on avait eu d'y croire dans le 6e corps comme dans le 2e; puis, s'adressant à ces Messieurs, il leur dit: « Que pensez-vous d'une telle absurdité? Quel maréchal de France pourrait s'imaginer de se rendre indépendant de la France avec des soldats français et sous mon règne? ne serait-il pas appréhendé au corps par ses propres soldats? »

Cette leçon indirecte avait-elle été préméditée?...

Il me demanda ensuite des détails sur ce que nous avions fait en Galice pendant cinq mois, n'ayant essuyé que des échecs, assez minces à la vérité, mais toujours déplorables en ce qu'ils encourageaient l'insurrection. Ma réplique n'était pas difficile. Notre mission était de soumettre et d'occuper la Galice avec 8 régiments.

Le Ferrol seul en exigeait 2. Les 6 autres répartis dans les 7 provinces suffisaient à garder les chefs-lieux, outre quelques ports importants; mais il aurait fallu autant de régiments pour former des colonnes mobiles parcourant sans cesse le pays, car les garnisons stables ne soumettraient que la ville de leur résidence.

Ma conclusion était qu'il aurait fallu une division de 4 régiments de plus et un administrateur rusé plutôt qu'un guerrier loyal et trop confiant, et j'en inférais que si la guerre continuait sur le Danube,

Sa Majesté ferait bien de répondre au désir que le maréchal m'avait chargé de lui exprimer d'être appelé à venir la rejoindre.

Les négociations traînaient à Vienne ; on doutait encore de leur issue. Il s'agissait de l'abandon de l'alliance russe pour se jeter dans l'alliance autrichienne. Si la guerre eût continué, j'aurais donc rempli de tous points la mission que le maréchal m'avait confiée.

Ma conscience me rend le témoignage que je n'avais pas commis une faute, en disant à l'empereur, ce qu'il savait fort bien, que le maréchal était un vaillant capitaine plutôt qu'un administrateur adroit et dissimulé.

L'empereur me congédia en me paraissant assez satisfait.

Avant de dire ce qui résulta, 15 jours après, de cette audience, je dois parler de mon séjour à Vienne.

On se rappelle que j'avais quitté la Silésie, avec le 6ᵐᵉ corps, au moment où mon projet de mariage était ajourné et subordonné à une autorisation impériale.

On sait quel fut, à Vittoria, le motif du maréchal pour ne pas répondre à la demande que j'avais faite de cette autorisation par son entremise.

Les embarras de la campagne fatigante qui nous avait transportés d'un bout de l'Espagne à l'autre, le manque total de communications m'avaient mis dans l'impossibilité d'informer la famille de Berlin des complications de ma situation personnelle. Ces circonstances, jointes aux événements qui suivirent, ajournèrent le projet en question.

Pendant ce temps, qui était aussi celui que les gouvernements employaient à conclure la paix difficile de Vienne, je pus jouir, dans cette belle capitale, de quelques précieuses ressources de société et de quelques aimables distractions, mais qui ne changeaient rien au fond pénible des choses.

Une quinzaine de jours s'était ainsi passée dans une attente pleine d'anxiété sur le résultat des négociations, lorsqu'un beau jour l'empereur me fit appeler à Schönbrunn.

En arrivant dans son cabinet je trouvai Napoléon en quelque sorte étalé sur une grande table, où la carte d'Espagne était déployée.

En me voyant il s'écria : « Eh ! ma foi ! vous aviez raison ; ils sont sortis. »

Ces premières paroles me surprirent, ne pensant plus, dans ce moment, à notre précédente conversation ; mais il ajouta vivement : « Wellesley a marché vers Madrid, et, qui plus est, il a battu Jourdan à Talaveyra. Il paraît que c'est un homme ce Wellesley (Wellington). » Puis, me faisant signe d'approcher de la table et de la carte, il me montra le théâtre de l'action et me raconta toute la bataille, en ajoutant : « Jourdan a fait la sottise d'engager ses corps successivement. Je le croyais plus fort que cela ; mais il faut espérer que tout sera réparé si l'on sait profiter des grandes forces que nous avons en Castille et si Ney et Soult savent faire. »

Je me permis d'ajouter que, malgré les désagréments résultant de l'échec essuyé par Jourdan, cet événement était la meilleure justification de notre sortie de la Galice.

Napoléon me répliqua en reprenant quelques points de son exposé et en appuyant sur la maladresse de Jourdan ; ce qui termina cette audience.

La paix de Vienne ayant été signée le 14 octobre, l'empereur partit pour Paris, où je le suivis naturellement. Je ne connus que plus tard les conditions de cette paix, dont un article seul suffirait pour troubler la bonne harmonie entre l'empereur Alexandre et la France. Nous en reparlerons plus tard [1].

Nous devons, en attendant, revenir en Espagne et rapporter, d'après le récit même de Napoléon, complété par les rapports officiels subséquents, ce qui s'était passé sous les ordres de Jourdan et du roi Joseph à Talavera de la Reyna, à 24 lieues de Madrid, ainsi que les opérations, pendant ce même temps et en corrélation avec cette bataille, des corps de Soult, Mortier et Ney.

[1] Voir le *Précis politique des campagnes de 1813-1814*.

CHAPITRE V

Bataille de Talavera. — Bataille d'Almonacid. — Combats de l'Arzobispo, de Banos. — Nouveaux conflits entre les maréchaux français.

Tandis que Napoléon, laissant les opérations d'Espagne, dès la fin de janvier, aux soins du roi Joseph muni d'instructions détaillées et sans cesse complétées, avait couru de Paris en Allemagne et livré les mémorables batailles d'Abensberg, d'Eckmühl, de Ratisbonne, d'Essling, de Wagram, ses adversaires de la Péninsule Ibérique n'étaient pas restés inactifs. Dès la fin du mois de mai leur ardeur avait redoublé; les armées espagnoles, renaissant indéfiniment de leurs cendres, se trouvaient plus fortes et plus belliqueuses que jamais. Elles étaient d'ailleurs vaillamment soutenues par de nouvelles troupes anglaises et par une organisation perfectionnée des forces portugaises, mises en entier sous les ordres du maréchal Beresford[1].

Après ses succès contre le corps de Soult, Wellington n'avait pas jugé à propos de s'engager à sa

[1] Tous les hommes valides de 16 à 60 ans avaient été appelés sous les armes. — L.

suite dans les montagnes de Chaves. Il le fit pourchasser par une petite avant-garde et se rabattit lui-même de Braga sur le Tage, pour s'installer à Abrantès.

Là, il séjourna près d'un mois, occupé à discipliner son armée qui en avait grand besoin, à solliciter de son gouvernement la solde et les renforts en retard, et à s'entendre avec les généraux espagnols au sujet des opérations futures[1].

---

[1] La situation des troupes anglaises en Espagne était plus difficile encore que celle des Français au point de vue des approvisionnements. Tandis que ces derniers pouvaient se comporter comme en pays ennemi, les Anglais devaient des égards à leurs alliés. A cet effet, il avait été convenu qu'ils paieraient comptant tout ce qu'ils réquisitionneraient; mais parfois l'argent manquait, ainsi que le reste. Le 31 mai 1809 Wellington écrivait de Coimbre que 800 mille livres sterlings ne suffiraient pas à payer les dettes de son armée, à laquelle il était dû deux mois de solde.

Dans ces conditions, les autorités espagnoles ne se pressaient guère de fournir aux Anglais, qu'elles trouvaient excessifs, ce qui pouvait manquer à leurs exigeants besoins. Aussi les soldats s'étaient-ils mis à piller pour se procurer vivres et solde et il paraît qu'ils n'y allaient pas de main morte. A la date sus-indiquée, Wellington écrivait : « L'armée se comporte horriblement. C'est une plèbe ne sachant pas mieux supporter le succès que l'armée de Moore les revers. Je fais tous mes efforts pour la dompter; mais si je n'y réussis pas, je devrai m'en plaindre officiellement et renvoyer en Angleterre, pour y être punis, un ou deux corps. Ils pillent partout..... Ils ont, entr'autres choses, enlevé tous les bœufs, sans autre motif que l'intention de les revendre à la population qu'ils ont dépouillée. C'est leur habitude. Je vous serai très obligé de faire connaître ce fait aux ministres de la Régence et de les prier de défendre très expressément à la population d'acheter quoi que ce soit de nos soldats. » D'Abrantès, pendant le mois de juin, le commandant en chef des troupes anglaises renouvelait ses plaintes, de plus en plus vives, au sujet des outra-

Ces généraux étaient, en commençant par la droite, Vanégas, avec une vingtaine de mille hommes, dans la Manche, menaçant Madrid du côté d'Aranjuez. Il était contenu par le 4ᵉ corps français, Sébastiani[1], vers Consuegra et Madridéjos.

ges et de l'indiscipline, qui, malgré ses mesures énergiques, continuaient à régner parmi ses troupes.

A la consolation du brave et honnête Wellington, il faut dire que le tableau qui l'affligeait tant se voyait sous les mêmes couleurs, soit chez ses alliés espagnols, moins exigeants, il est vrai, sur la discipline et sur leurs aises, soit chez ses adversaires français.

Outre ce qui est rapporté (v. page 29) sur la manière dont ces derniers s'approvisionnaient au moyen du pillage, ils s'adonnaient aussi, paraît-il, au commerce du bétail. Une lettre du roi Joseph à Napoléon, en date d'Illescas, 28 juin 1809, donne à ce propos des renseignements au moins piquants :

« Votre Majesté se rappellera, dit le nouveau monarque espagnol, qu'à la seconde année de mon entrée à Naples, ce pays ne fut tranquillisé que par des hommes désintéressés tels que Reynier, Partouneaux, Maurice Mathieu. Il en sera de même en Espagne si V. M. m'autorise à faire passer à l'armée d'Allemagne ou en France tout ce qui me paraîtra ne pas convenir ici. Car enfin V. M. ne se doute pas que depuis plus d'un mois je fais poursuivre dans les montagnes, sur les frontières de la Castille et de l'Estramadure, par des détachements, des troupeaux de 7 à 8,000 mérinos, conduits par des soldats du 1ᵉʳ corps d'armée, devenus bergers pour le compte de quelques généraux, qui dérobent ainsi les soldats à leurs drapeaux et les mérinos à leurs propriétaires. »

En publiant cette lettre, l'auteur des Mémoires du roi Joseph ajoute qu'il pourrait citer un de ces généraux qui fit venir six mille de ces mérinos à sa propre campagne. (Voir le tome 6, page 198, des *Mémoires et correspondance politique et militaire du roi Joseph* publiés, annotés et mis en ordre par *A. du Casse*, aide-de-camp de S. A. I. le prince Jérôme Napoléon. 8ᵉ édition, Paris 1857.) — L.

[1] Le maréchal Lefebvre avait passé à l'armée d'Allemagne.— L.

A la gauche de Vanégas était l'armée du général Cuesta, forte d'environ 38 mille hommes, vers Oropeza, sur la droite du Tage, venant de passer ce fleuve aux ponts d'Almaraz et de l'Arizobispo, qu'elle tenait encore.

En face d'elle, le 1er corps français, maréchal Victor, bordait la rive gauche de l'Alberche, affluent de droite du Tage, avec une avant-garde à Talavera.

Six mille Espagnols et Portugais, sous le général anglais Wilson, garnissaient les montagnes de Gredos.

Avec les troupes directement aux ordres de Wellington et les Portugais de Beresford, s'apprêtant tous deux à déboucher du Portugal, plus celles du duc del Parque, remplaçant La Romana, avancées vers Ciudad-Rodrigo, le tout monterait à plus de 140 mille combattants.

Mais cette force considérable était morcelée, comme on le voit, en six fractions principales, et il fallut de longs pourparlers pour combiner une action commune.

Vers le milieu de juillet, l'entente fut enfin établie.

Wellington s'avança par la vallée du Tage et par Castello-Branco et Goria sur Placencia, puis vers Oropeza, où il fit sa jonction avec Cuesta le 20 juillet. Ils devaient marcher en commun sur Madrid, tandis que Vanegas, à leur droite, se porterait contre la capitale par Tolède et Aranjuez, et que le corps-léger de Wilson, sur leur gauche, battrait les environs de l'Escurial et les abords de Madrid, aussi du côté du nord, sur les communications principales des Français.

En même temps, Beresford déboucherait du Portugal par Almeida, se joindrait aux forces du duc del Parque vers Ciudad-Rodrigo et tous deux agiraient contre les Français occupant les environs de Salamanque.

A cette habile combinaison, le roi Joseph pouvait opposer tout d'abord ses 4e et 1er corps d'armée déjà sur le Tage, puis sa réserve de Madrid, enfin, les trois corps maintenant réunis sous le commandement de Soult, c'est-à-dire le 2e, alors à Salamanque et à Zamora; le 5e, Mortier, à Valladolid et environs, et le 6e, Ney, à Benavente, Astorga et Léon. L'effectif de ces divers corps montait à plus de 100 mille combattants, ce qui était suffisant pour résister à l'offensive, nécessairement un peu décousue, que projetaient les alliés.

D'autre part, le décousu ne manquait pas non plus dans les forces françaises, par suite de l'absence d'une autorité supérieure assez forte pour dominer, comme Napoléon y parvenait seul, les mésintelligences et les défiances réciproques des maréchaux.

C'est ainsi que le roi Joseph avait donné l'ordre à Mortier, le 13 juillet, de s'avancer de Valladolid à Villa-Castin; mais, sur les instances réitérées de Soult, peu empressé de céder à Jourdan sans discussions, le 5e corps dut rétrograder dans la direction de Walladolid, où il était trop éloigné pour agir de concert avec les corps menacés sur le Tage, si l'effet suivait de près la menace.

On ne pouvait d'ailleurs compter ni sur les troupes de la Catalogne, ni sur celles veillant aux débouchés des Asturies.

Quoi qu'il en soit, le grand état-major de Madrid n'était pas intimidé des dangers qui l'entouraient, et quand il apprit, le 22 juillet, la réunion de Wellington et de Cuesta et leur marche en avant sur Talavera, ainsi que l'arrivée de Wilson à Escalona, il résolut de se porter aussitôt à la rencontre de l'ennemi.

En conséquence, Sébastiani reçut l'ordre de se concentrer à Tolède, en ne laissant qu'un petit détachement pour observer Aranjuez. Victor fut avisé de continuer à tenir l'Alberche et, au besoin, de se replier dans la direction de Tolède. La garde royale et toutes les troupes de Madrid, sauf 4 mille hommes laissés sous Belliard, marchèrent avec le roi, dans la nuit du 22 au 23, de Madrid sur Tolède.

De plus, l'ordre fut envoyé à Soult de s'avancer, avec ses trois corps d'armée, de Salamanque, non sur Madrid et Tolède pour rallier l'armée du roi, ce qui eût été le plus correct, mais directement sur Placencia, pour prendre de flanc ou à revers les armées de Wellington et de Cuesta. Soult donnerait ainsi le coup d'assommoir, espérait-on à Madrid, et l'on pouvait d'autant mieux se livrer à cette espérance, malgré la région montagneuse et l'ennemi qui allaient séparer les deux armées françaises pendant quelques jours critiques, que le général Foy, arrivant en ce moment de Salamanque, put annoncer que cet ordre ne faisait que confirmer les propres intentions de Soult, se préparant déjà à marcher sur Placencia. En fait, l'ordre susmentionné, parti de Madrid le 22, atteignit Soult à Salamanque le 24 juillet. Nous verrons tout à l'heure ce qui s'en suivit.

Arrivé le 25 juillet à Tolède, ou plutôt à Vargas, un peu au nord de cette ville, le roi Joseph, acaccompagné de son mentor le maréchal Jourdan, y avait sous la main une force de près de 50 mille hommes, en trois corps : le 1er sous Victor (divisions Ruffin, Lapisse et Villatte), le 4e sous Sébastiani (divisions Sébastiani, Valence et Leval, cette dernière d'Allemands et de Polonais), la garde et la réserve sous Dessolles, avec 80 bouches à feu. La cavalerie comptait trois divisions : les dragons de Latour-Maubourg et de Millaud, les hussards et chasseurs de Merlin, ce dernier remplaçant Lassalle, appelé à l'armée d'Allemagne, où il devait trouver une mort héroïque comme toute sa carrière[1].

Le 26 juillet, l'armée s'ébranla vers le sud-ouest, laissant trois mille hommes, y compris un régiment de cavalerie, à la garde de Tolède et des

[1] Au moment où nous corrigeons l'épreuve de ces lignes, la dépouille mortelle de Lassalle, tué à Wagram, est transférée en France pour être recueillie aux Invalides. — L.

abords d'Aranjuez et du haut Tage, dont tous les ponts avaient été coupés pour mieux barrer l'accès de la capitale aux forces de Vanégas.

Pleines de confiance, les troupes du roi Joseph passèrent rapidement le Guadarrama près de son embouchure dans le Tage, et bientôt, aux environs de Torrijos, elles se trouvèrent en présence de l'avant-garde du général Cuesta, qui avait cru pouvoir poursuivre la retraite de Victor.

Les dragons de Latour-Maubourg, secondés des hussards de Merlin, se lancent sans hésiter à l'attaque, refoulent les avant-postes espagnols sur leurs soutiens et sur leurs réserves, font promptement plusieurs centaines de prisonniers, en sabrent un plus grand nombre encore, dispersent la brigade du général d'avant-garde Zayas, jettent le désordre dans le reste et eussent obtenu de bien plus grands succès si la poursuite avait pu se faire immédiatement par des forces de toutes armes ou par le gros de la cavalerie. Mais le maréchal Victor, craignant de trop exiger de ses hommes et surtout de ses chevaux, qui avaient fourni une étape fatigante de marche et de combats, préféra remettre l'action au lendemain, bien que le roi Joseph eût désiré la continuer immédiatement.

L'armée française campa autour et en avant de Santa-Ololla, où le grand quartier-général s'établit pour la nuit du 26 au 27.

Quant à l'armée ennemie, refoulée sur l'Alberche, sa situation ainsi que la position qu'elle prit sur les plateaux de Talavera est rapportée comme suit par un livre militaire anglais :

« Cette retraite se fit dans un tel désordre, que la déroute totale des Espagnols en aurait été la conséquence si le général Sherbrooke avec ses deux divisions ne s'était trouvé là pour les protéger. Après les avoir mis hors de danger il se retira par un des gués dans le camp de Talavera, laissant la division du général Mackensie prendre possession d'un couvent et d'un bois qui se trouvent sur la rive droite de l'Alberche.

» Telle était notre position dans la soirée du 26, et elle n'était certainement pas très favorable ; car Cuesta se trouvait placé sur une rivière où il courait la chance, en cas de revers, d'être précipité ; et il ne faisait aucun préparatif pour repousser l'attaque dont, selon toutes les probabilités, il était menacé. Cependant sir Arthur Wellesley, après avoir examiné avec son coup d'œil d'aigle les environs de Talavera, avait soudainement choisi un terrain dont l'excellente situation fut démontrée par les évènements qui suivirent.

» Voici le tableau des dispositions telles qu'elles furent faites et exécutées.

» La ville de Talavera est située sur la rive septentrionale du Tage, et se déploie si près du bord du fleuve qu'à peine existe-t-il un intervalle entre l'eau et les maisons. A gauche de la ville et sur la première ligne qu'elle décrit se trouve une hauteur escarpée, où on avait établi une forte batterie espagnole qui formait un point d'appui à la droite de cette armée, car les deux armées étaient rangées sur une ligne continue, dont la gauche était occupée par les Anglais et la droite par les Espagnols. Nos troupes s'étendaient de la ville aux montagnes de Talavera, qui forment une partie de la Sierra de Gata et se prolongent parallèlement à la route de Madrid, renfermant d'un côté la vallée de Placencia. L'extrême gauche était postée sur une hauteur dégagée dans la direction d'Alataza de Segusella, et se trouvait défendue en face par un ravin et flanquée par une profonde vallée sur le côté de laquelle s'élevaient de hautes montagnes qui se perdaient dans l'éloignement en conservant une ligne uniforme. Les troupes espagnoles étaient rangées parmi des bosquets d'oliviers, et s'étendaient le long d'une route dont les bords élevés leur servaient de parapet : leur gauche était appuyée sur une petite colline éloignée de Talavera d'environ deux milles, ayant une portion de leur cavalerie pour la protéger. Van Zaza prit possession du terrain élevé.

» Notre droite se trouvait également appuyée sur cette hauteur. On avait commencé à y établir une forte redoute ; mais elle n'était point encore assez avancée pour ajouter beaucoup à la défense des troupes qui l'occupaient : elles se composaient de la quatrième division, sous les ordres du général Campbell, et des gardes. Dans le même alignement et après elles se trouvaient la brigade du général Caméron et les Allemands, qui eux-mêmes étaient suivis par les divisions des généraux Mackensie et Hill : cette dernière occupait l'extrême gauche de toute la ligne. Dans la vallée, sur la gauche de cette hauteur, se trouvaient postées sur une éminence deux brigades de cavalerie anglaise. La brigade du général Cotton avait pris position sur la droite en arrière de la division Campbell, et le duc d'Albuquerque avec une nuée de cavalerie espagnole soutenait la nôtre par la gauche. Telles furent les positions où s'établirent les armées alliées dans la matinée du 27.

» La plus grande partie de ces mouvements s'était exécutée sans obstacles, et tout faisait présager que le reste s'exécuterait de même, quand vers le midi la division du général Mackensie, qui occupait le couvent et le bois situés sur la rive droite de l'Alberche, fut soudainement attaquée par deux fortes colonnes ennemies. Elles s'avancèrent avec une telle impétuosité qu'elles jetèrent la confusion dans les rangs des quatre-vingt-septième et quatre-vingt-huitième régiments ; et lorsque sir Arthur Wellesley arriva sur le champ de bataille, elles avaient jusqu'à un certain point réussi à pénétrer entre les deux brigades qui formaient la division de Mackensie. Il en résulta que, pendant quelques instants, nous fûmes incapables de découvrir ce qu'était devenue une de ces brigades, et il fallut de grands efforts de la part des officiers pour rétablir l'ordre. Enfin les trente-unième et quarante-cinquième régiments, soutenus par le soixantième, arrivèrent, et ils couvrirent avec bravoure la retraite du bois dans la plaine des autres régiments. La cavalerie se trouvant prête à protéger les uns et les autres, une retraite régulière commença et se continua, avec ordre et sans précipitation, en côtoyant les hauteurs jusque vers la gauche de la ligne où notre armée avait pris position.

» L'ennemi n'étant point intimidé par le courage de nos troupes continuait à les poursuivre, et il s'ensuivit une action partielle sur le front de notre ligne, qui vers le soir devint plus sérieuse[1]. »

En effet, les Français avaient bien marché toute la journée du 27, dès 2 heures du matin, pour éviter la chaleur, et le maréchal Victor tenant la tête, désireux de compléter ses succès de la veille et pressé par le grand état-major, avait non-seulement talonné sans relâche l'arrière-garde anglaise par la tête de la division Lapisse, secondée de quelques canonnades, mais attaqué la position même de Talavera aussitôt qu'il y eut constaté la présence des forces alliées. Connaissant bien le pays, qu'il avait plusieurs fois traversé ou occupé dans ses précédentes opérations, il lança la division Ruffin sur la gauche des Anglais, tandis que la division Lapisse suivait plus à gauche avec une partie de la cavalerie ; la division Villatte restait en réserve.

---

[1] Histoire de la Guerre de la Péninsule (années 1808 et suivantes), par le lieutenant-général Charles-William *Vane*. II, pages 2-6.

Mais la nuit arrivait. Un seul régiment de Ruffin, le 9ᵉ d'infanterie légère, put atteindre, au prix de graves pertes, le mamelon principal, les autres régiments s'étant égarés dans l'obscurité. Seul à la tâche, le 9ᵉ régiment fut bientôt refoulé, en laissant environ 300 hommes sur le carreau.

A 10 heures du soir, le duc de Bellune fit cesser l'action, ce qui n'empêcha pas les lignes alliées, par suite de fausses alertes, de prolonger encore longtemps leur fusillade.

Le commandant du 1ᵉʳ corps, en rendant compte au roi de cette attaque, le prévint qu'il la renouvellerait au point du jour ; c'est en effet ce qui arriva le 28 juillet de grand matin, sans plus de combinaison d'ensemble que la veille, car le désir exprimé par Victor d'être secondé sur sa gauche par le 4ᵉ corps et par la réserve ne pouvait constituer une disposition d'action générale.

De nouveau la division Ruffin fut lancée sur l'extrême gauche de la position des Anglais et de nouveau elle fut refoulée après des efforts considérables de ses trois régiments, qui se trouvèrent seuls aux prises avec la gauche alliée, les autres corps français n'ayant pu encore entrer en ligne.

Le roi Joseph s'étant rendu sur le lieu du combat du 1ᵉʳ corps, d'où l'on embrassait tout le terrain, une pause s'y produisit, pendant qu'une sorte de conseil de guerre s'y tenait pour aviser aux décisions à prendre. La situation se présentait sous un nouvel aspect. On avait cru jusqu'alors suivre simplement la retraite de l'armée alliée dans la vallée du Tage ou sur Placencia, tandis qu'il devenait patent qu'il s'agissait de lui livrer bataille et de la déloger d'une position solide pour la défensive au système anglais.

Jourdan et Dessoles penchaient pour rester en expectative et manœuvrer de manière à laisser à Soult le temps d'entrer en ligne, ce qui était le plus sage. Victor, déjà engagé trois fois, désirait qu'on continuât la partie commencée. Il se faisait fort, moyennant qu'on le secondât mieux à sa gauche, d'arracher aux Anglais le mamelon principal qui formait la clef de la position ennemie. « Si je ne puis enlever ça, disait-il en montrant le mamelon gardé par la division Hill, avec mon 1er corps, il faut renoncer à faire la guerre. » A quoi le vainqueur de Fleurus ripostait : « Eh bien ! moi, je ne le ferais pas avec mes vieilles bandes républicaines ! »

Devant de telles divergences, le roi Joseph, qui se trouvait sur le champ de bataille pour la première fois, fut pendant quelques instants fort embarrassé. Mais brave de sa personne, désireux de pouvoir se reporter au plus tôt vers sa capitale, menacée par l'insurrection et par Vénégas, ne comptant plus sur une prompte arrivée de Soult, il se décida en faveur de l'action.

Sur le champ, les ordres furent donnés pour l'attaque, d'après les recommandations de Victor qui devenait, au détriment de Jourdan, le directeur de la journée.

Sébastiani fut chargé d'attaquer la droite alliée, et Victor les hauteurs à lui connues, que Wellington venait de renforcer par des troupes de toutes armes. La réserve fut laissée à la gauche, derrière Sébastiani.

Vers 2 heures après-midi, le combat fut repris par les Français. Le 1er corps aborda l'ennemi le premier, la division Ruffin à l'extrême droite, la division Lapisse plus à gauche, Villatte en réserve. Cette première attaque, au moment d'atteindre les hauteurs décisives, fut refoulée par une de ces vigoureuses offensives à la baïonnette qui constitue la méthode de Wellington. On sait que cette méthode tactique de défensive-offensive consiste à attendre l'adversaire dans un terrain reconnu, à le fatiguer par un feu nourri d'artillerie et d'infanterie, puis, si ces feux ne l'arrêtent pas, à foncer sur lui à la baïonnette quand il est près d'aborder. Ce système en vaut bien un autre et Wellington sut le faire prévaloir à Talavera, comme en maintes affaires dont il sera question dans la suite de cette guerre d'Espagne.

Les divisions Ruffin et Lapisse durent redescendre à mi-hauteur, tandis que le 4e corps attaquait à son tour sans plus de succès.

Un nouvel effort, mieux combiné, et qui eût peut-être réussi s'il eût été moins tardif, fut opéré vers 4 heures. Mais, pour ce moment critique, Wellington avait su prendre de bonnes mesures. La division Lapisse, accablée de formidables feux croisés, vit tomber son général mortellement blessé et fut rejetée en arrière. A sa gauche, la division Leval, battue de front et de flanc, ayant perdu un de ses vaillants chefs, le colonel badois de Forbeck, dut aussi se replier avec de fortes pertes, dont 8 pièces d'artillerie embourbées dans des taillis. Le reste du corps Sébastiani fut également forcé de céder le terrain et à la tombée de la nuit, le feu s'éteignit peu à peu sur toute la ligne.

Le maréchal Victor aurait voulu reprendre l'attaque le soir même ou le lendemain, car s'il n'avait pas réussi à occuper les hauteurs, objets de son ambition, il en avait gardé les abords. Le roi Joseph, quoique du même avis au premier moment et ayant déjà fait porter la réserve de la gauche sur la droite, s'était ravisé et avait cru à l'utilité de la retraite derrière l'Alberche; puis, mieux renseigné, il avait fini par partager l'avis de Victor; mais, à la suite d'un malentendu, provenant sans nul doute de l'indécision qui régnait au sein du grand état-major général, le maréchal Victor se mit en retraite pendant la nuit, parce qu'il avait appris que le 4e corps s'était replié, tandis que celui-ci motiva sa retraite sur celle de son voisin de droite.

Le champ de bataille restait ainsi aux alliés, qui y recueillirent, outre les 8 canons laissés par la division Leval, quelques centaines de prisonniers la plupart blessés. Leur perte totale montait à environ 7 mille hommes ; celle des Français à un millier de plus. Des deux côtés, un grand nombre d'officiers généraux et supérieurs comptaient parmi les victimes. Outre les deux tués susmentionnés, les Français eurent 8 colonels blessés et le général de brigade Rey. Les Anglais perdirent les généraux Makensie, Langworth et Beckett, tués.

Le 29 juillet au matin, toute l'armée française se trouvait réunie sur le plateau qui sépare la rive gauche de l'Alberche de la rive droite du Tage. Elle s'y établit sur le revers méridional, à droite et à gauche de la route de Madrid, suivie seulement de quelques éclaireurs ennemis jusqu'à l'Alberche. Là, il fut décidé que le 1er corps resterait dans cette excellente position pour observer la direction du sud, tandis que le roi Joseph, avec le 4e corps et la réserve, se porterait au nord pour veiller à la sécurité de Madrid, en faisant face à Vanégas, à droite, et à Wilson, à gauche, dont des coureurs étaient signalés dans les envions de la capitale.

Pour cela, le roi alla reprendre, le 29 au soir, son quartier-général de Santa-Ololla et le lendemain celui de Vergas. Le 5 août, il était à Illescas, en jonction avec le 1er corps, qui s'était replié sur Santa-Cruz.

Ayant appris, le surlendemain, l'arrivée de Soult sur le Tage et la retraite de Wellington, le roi s'occupa plus activement de Vanégas. Tout d'abord il poussa une pointe vigoureuse sur Aranjuez, où apparaissaient des têtes de colonnes espagnoles; puis il revint sur Tolède, et là, franchissant le

Tage, il put enfin, le 11 août, joindre vers Almonacid, cet adversaire dont la présence sur la gauche et le revers de l'armée française avait été son constant cauchemar depuis le 23 juillet.

Le général Sébastiani, donnant le signal de l'attaque, au moment de l'arrivée du roi avec la réserve, ne s'appliqua guère, dans cette bataille d'Almonacid, qu'à enlever magnifiquement de front une position formidable et défendue par des forces presque doubles des siennes. Aussi l'action fut-elle meurtrière. Grâce à la vaillance des diverses colonnes d'assaut et à l'entrain des officiers leur donnant l'exemple, la position fut enfin enlevée et ses défenseurs refoulés en grand désordre.

Pendant cette retraite qui ne s'arrêta que près de la Sierra-Morena, les Espagnols perdirent environ 8000 hommes, dont 3500 prisonniers, 16 pièces de canon et 31 caissons.

Les pertes des Français furent grandes aussi, vu les circonstances du combat : environ 2500 hommes, dont 320 tués.

Le 15 août, jour de la fête de l'empereur, le roi Joseph rentra dans Madrid, après 20 jours d'une campagne mieux terminée que commencée. Il amenait avec lui sa réserve et laissait le 4e corps sur le Tage, depuis Aranjuez à Tolède.

Pendant ce temps, qu'avait fait le 1er corps ? qu'avaient fait ceux de Soult et l'armée franco-espagnole pour que le roi Joseph pût rentrer triomphalement dans sa capitale 18 jours après avoir perdu la journée de Talavera ?

C'est ce que nous allons voir brièvement.

Le 1ᵉʳ corps, laissé en observation sur le plateau de l'Alberche, avait dû aussi s'appliquer à rester en communication avec le roi, et, pour cela, il s'était replié sur Maqueda et Santa-Cruz. Ayant en outre expédié la division Villatte sur Escalona en exploration, Victor apprit le 5 août que l'armée alliée était en retraite et dès le lendemain, après avoir avisé le roi, il se mit en mouvement vers le sud.

Le 7 août, sa cavalerie fit sa jonction avec celle de Soult vers Oropeza. Le même jour, il entra à Talavera, où il ne trouva que de nombreux blessés, recommandés à ses soins par Wellington.

Pour l'heure il avait le champ libre, car les alliés, bien qu'ayant reçu le renfort de la brigade Crawford, arrivée de Lisbonne par la vallée du Tage, s'étaient repliés, en apprenant la menace de Soult par Placencia sur leurs derrières. Il faut dire que Cuesta et Wellington eurent maints tiraillements pénibles avant de pouvoir s'entendre à moitié sur les mesures convenables à prendre. Ayant d'abord cru à l'approche d'une seule division française, Wellington avait décidé de marcher à sa rencontre en laissant les troupes espagnoles en face de celles du roi dans la position de Talavera. Le 3 août, il s'était avancé jusqu'à Oropeza et Naval-Moral, lorsqu'il apprit que ce qu'il supposait n'être qu'une division française était toute une armée d'au moins deux corps. D'autre part, les Espagnols de Cuesta, au lieu de tenir ferme à Talavera, se repliaient sur son arrière-garde, croyant être poursuivis par l'armée du roi.

Dans ces circonstances, qui changeaient du tout au tout la situation du 28 juillet au soir, et renversaient les rôles, Wellington dut se mettre promptement à couvert et en retraite derrière le Tage. Il franchit ce fleuve le 4 au pont d'Arzobispo n'osant risquer d'aller jusqu'au carrefour de Casatejada, où une bonne route de Placencia au pont d'Almaraz, puis à Truxillo et Merida, l'eût mis en quelques heures sur sa ligne de retraite et à même de faire face aux forces ennemies encore sur la droite du Tage.

Du moment que Wellington ne voulait pas courir les hasards d'une nouvelle bataille, circonspection qui convenait bien au rôle qu'il jouait en Espagne, il agissait correctement en se retirant derrière le Tage. Mais si Soult avait marché plus rapidement, cette opération de retraite, soit au passage même du fleuve, soit les jours suivants, aurait pu être périlleuse.

En effet, Soult avait reçu, le 24 au soir, à Salamanque, l'ordre de se porter sur Placencia; mais peu charmé de passer sous le commandement immédiat du roi et surtout de Jourdan avec sa belle armée qu'il aimait à désigner sous le nom d'armée du Portugal, il paraît avoir apporté peu d'empressement à croire à l'urgence de l'appel qui lui était adressé. Il mit plusieurs longs jours à s'y préparer pour son compte, sans noter que Ney, toujours ulcéré des incidents de la dernière campagne, ne fit sans doute pas de grands efforts pour accélérer la concentration qui allait le mettre sous les ordres directs d'un rival détesté.

Quoiqu'il en soit, l'armée de Soult s'ébranla de Salamanque sur Placencia, successivement du 27 juillet au 1er août, le 5e corps en tête, le 6e en queue.

L'avant-garde de Mortier rencontra, le 29 juillet, les avant-postes espagnols à la Calzada et les refoula sur Bejar, puis sur le col de Banos[1] où une chaude escarmouche eut lieu. Le 5 août, les trois corps se trouvaient échelonnés entre Placencia et Naval-Moral, ayant des éclaireurs engagés au loin sur leurs flancs dans les montagnes et des reconnaissances de cavalerie dans la direction de Talavera, à la recherche des troupes de Victor. Ainsi, avec deux jours d'avance, Soult eût atteint les vainqueurs de Talavera encore sur la rive droite du Tage et son attaque, qui eût appelé probablement la coopération de Victor, eût pu procurer de grands résultats.

Néanmoins, s'il y eût réellement du temps perdu

[1] Ce col de Banos, qui joue un rôle important dans les opérations relatives à la bataille de Talavera, ne figure pas sur notre carte. Il s'y trouverait à peu près à mi-chemin entre Puerto de Bejar et Hervas. — L.

par Soult, on doit reconnaître qu'il s'efforça de le regagner. Les 6 et 7 août furent employés à explorer le Tage aux environs de l'Arzobispo et à refouler de la rive droite quelques troupes espagnoles. Le 8, le maréchal Mortier, après avoir fait franchir le fleuve à gué par les dragons des 5e et 2e corps sous les ordres du général Caulaincourt, enleva brillamment le pont fortifié de l'Arzobispo et dispersa toutes les forces que le duc d'Albuquerque tenta d'opposer au passage du fleuve et à la prise de possession de la rive gauche.

Cuesta, qui s'était déjà retiré vers Peraleda de Garboro, ne put secourir à temps son lieutenant et partagea en grande partie son sort. Un grand nombre de ses soldats s'enfuirent en jetant armes, bagages et vêtements, pour redevenir de simples paysans, en attendant de reprendre les armes dans de meilleures conditions [1].

La perte des vainqueurs fut insignifiante, environ 120 hommes, surtout de cavalerie, tandis que l'ar-

---

[1] C'était une sorte de nouvelle tactique, ingénieusement trouvée par les guérillas espagnols, pour être tour à tour, suivant les circonstances, militants ou neutres, et qui était facilitée par le fait que la plupart de ces singuliers soldats, qui voulaient bien se concentrer pour une bataille, ne recevaient guère des autorités que l'armement et l'équipement. Quant à l'habillement, il ne consistait qu'en un manteau ou sarrau et en un chapeau ou béret autant civil que militaire. Aussi, Wellington demandait-il instamment, dans une lettre au ministre marquis de Wellesley, de Deleytosa le 8 août, qu'on donnât immédiatement l'uniforme national aux troupes espagnoles, afin de pouvoir punir les fuyards et les déserteurs. — L.

mée espagnole laissa entre leurs mains 600 prisonniers, 30 bouches à feu, 400 chevaux et beaucoup d'équipages. N'ayant pas été poursuivie vivement, elle put se rallier et reprendre position, les unes au défilé de Mesa d'Ibor et à Dereytosa, les autres près de Naval-Moral de Tolède.

Quant aux Anglais, qui étaient en somme l'objectif principal, ils se trouvaient déjà hors d'atteinte. Acculés, après leur passage du pont de l'Arzobespo, à la région montagneuse de Guadalupe, ils risquaient de s'y voir pris comme dans une nasse. C'eût été le cas si le corps de Ney avait pu franchir le Tage vers Almaraz, comme il en reçut l'ordre de Soult ; mais le pont était détruit, les gués ne se trouvèrent pas, et, pendant ce temps, Wellington, redoublant d'énergie, parvint, avec l'aide des montagnards espagnols et au prix de grands efforts, à se frayer un chemin pour sortir, dans la direction du sud, de son angoissant cul-de-sac. Le 5 août, il campa à Toralida, au milieu des montagnes ; le 6 à Mesa d'Ibor, où il rallia, bien contre son gré, une fraction des Espagnols de Cuesta, car la difficulté des approvisionnements lui faisait redouter plutôt que rechercher les concentrations de troupes. Le 7 il atteignit Deleytosa, où il resta deux jours, le 11 Jaraicejo, où il fit halte plus tranquillement en se couvrant jusqu'à Almaraz. Le 20 août, il se replia par Truxillo, Majadas, Medellin et Merida sur Badajoz. Là, sa campagne pouvait être considérée comme arrivée à son terme, campagne laborieuse dont il venait d'être très justement récompensé par l'élévation à la pairie, sous le titre de lord Wellington, et par de grandes fêtes à Londres en l'honneur de ses exploits.

La victoire de Talavera restait assurément aux Anglais ; mais une douzaine de jours plus tard, toutes les opérations s'y rattachant se terminaient au profit des Français, qui partout avaient repris le terrain cédé et conquis dix fois plus de trophées qu'ils n'en avaient perdu dans leur malheureuse journée du 28 juillet.

Tandis que Victor ne s'était occupé qu'à bien tenir Talavera et à y recueillir et soigner humainement les blessés, Anglais pour la plupart, au nombre d'environ quatre mille, Soult avait dû s'arrêter au Tage. Le roi, qui avait repris le commandement suprême, avait détaché le corps de Ney sur Salamanque pour chasser de cette ville le duc del Parque et rétablir les communications, interceptées par les Anglo-Portugais de Wilson et de Beresford. Comptant employer de même les corps disponibles à reprendre le plus possible possession du pays, dès qu'ils seraient reposés et que les grandes chaleurs seraient passées, il avait prescrit à Mortier de rester vers Oropeza et à Soult de s'établir à Placencia, en attendant des opérations ultérieures, qui n'étaient pas encore arrêtées et qui n'auraient dû être que de courir sus à l'armée de Wellington.

Le 4ᵉ corps prit ses cantonnements sur le Tage,

d'Aranjuez à Tolède, et le 1ᵉʳ corps se porta dans la Manche, avec quartier-général à Daymiel.

Quant au maréchal Ney, heureux de la mission qui l'éloignait de Soult, il ne s'était pas fait prier longtemps pour l'accomplir. Parti le 9 août au matin de Casatejada et le 12 de Placencia, il rencontra ce même jour la division Wilson au col de Banos, dans une forte position. L'intrépide maréchal l'attaqua aussi bravement qu'habilement et rejeta l'ennemi, en partie dans les montagnes de Gata, en partie sur Ciudad-Rodrigo, en lui infligeant une perte d'un millier d'hommes. Continuant ensuite sa marche, son avant-garde entra le 14 août à Salamanque, d'où l'ennemi venait de se retirer.

Ainsi finit la courte campagne de Talavera, aussi curieuse par les péripéties qui s'y produisirent que par celles qui n'y firent défaut qu'en suite d'incidents divers tenant surtout au décousu, tant de la bataille elle-même que des opération qui s'y rattachent, et cela dans les deux camps.

Napoléon, soit dans les récits qu'il m'en fit, soit dans ses lettres écrites alors à son frère et au ministre de la guerre Clarke, en a parlé avec abondance et quelque dureté pour Jourdan et Joseph.

Toutefois, si l'on fait la part du courroux qui l'animait, on ne peut méconnaître le fond de justesse de ses remarques quant aux principaux points: c'est-à-dire que les deux armées de Joseph et de Soult devaient agir de concert et non aussi séparées ; que la bataille du 28 juillet n'aurait pas dû être livrée, puisque l'approche de Soult par Placencia eût forcé les alliés à se replier derrière le Tage ; que si on voulait la livrer, il fallait mieux l'organiser, surtout ne s'y pas laisser entraîner par deux attaques préalables démasquant l'objectif essentiel ; qu'il fallait moins se préoccuper de la capitale et davantage de l'ennemi en face, en premier lieu agir sans relâche avec le gros des forces contre l'armée anglaise.

Tout cela était très vrai ; mais la malencontreuse habitude qu'avait prise Napoléon de vouloir diriger les opérations d'Espagne depuis l'Allemagne, soit au moyen du télégraphe qu'il avait fait établir de Paris à ses camps, soit par des courriers spéciaux, était bien pour quelque chose dans les fautes qu'il reprochait si fort à son frère, peu obéi, on le sait, de quelques-uns des aides principaux qu'il lui avait imposés.

Cela réservé, il est certain que le courroux de Napoléon s'expliquait aisément par l'amère déception que lui procurait la campagne de Talavera. Il n'avait donné de si vastes proportions à la guerre d'Espagne que dans l'espoir d'y attirer les Anglais, qu'il n'avait pu aller chercher chez eux, et d'en avoir raison en battant une de leurs grandes armées comme il l'avait fait de toutes celles du continent. Cette occasion s'était présentée par la hardiesse avec laquelle Wellington, trop confiant dans ses alliés, s'était avancé jusque sur l'Alberche ; et son frère, et ses plus anciens et plus illustres maréchaux, avec des forces supérieures, n'avaient pas su profiter de cette aubaine, n'avaient pas su capturer toute cette armée et son chef !..... Retrouverait-il jamais une occasion semblable?

Hélas, oui !..... mais ce fut à Waterloo !

Si nous nous sommes arrêtés un peu plus que précédemment sur cette campagne de Talavera, c'est qu'outre son intérêt particulier, elle marque le moment le plus décisif des guerres d'Espagne, celui où le gros problème de la possession de la Péninsule risqua d'être résolu, dans un sens ou dans l'autre, par un heureux coup de vigueur qui sembla près de se produire.

Depuis lors, la guerre aura encore des batailles sérieuses et des phases importantes, mais rien d'aussi critique au point de vue général.

CHAPITRE VI

Jourdan remplacé par Soult comme major-général. — Départ du maréchal Ney pour la France. — Combats de Tamamès et d'Alba Tormès. — Bataille d'Ocana.

La fin de la campagne de Talavera, coïncidant avec les triomphes de Napoléon à Vienne, marque un temps d'arrêt dans les opérations offensives des trois adversaires qui disputaient aux Français la Péninsule Ibérique, et surtout du plus sérieux d'entr'eux, les Anglais de Wellington. Son armée, encombrée d'environ neuf mille malades, était réduite à 17 mille hommes, fort heureux de se reposer à Badajoz, en ligne sur la Guadiana et où ils devaient passer 4 mois à se remettre de leurs dures fatigues et privations.

On a beaucoup critiqué cette inaction prolongée ainsi que les opérations trop peu offensives qui l'avaient précédée. Mais il ne serait guère équitable d'en juger au seul point de vue de l'art de la guerre, après les aveux si francs que fait à cet égard la correspondance publiée du généralissime anglais. On y voit que la question des besoins matériels dominait tout. Le défaut de vivres, de véhicules, de matériaux de ponts entravait toute combinaison. Les généraux en étaient tous réduits à redouter les concentrations de troupes, car elles n'amenaient sûrement que la famine au lieu de nouvelles chances de succès. On en jugera par les concluants extraits ci-après de diverses lettres de lord Wellington à l'honorable J.-H. Frère et à lord Castelreagh :

Talavera, 31 juillet 1809. — Durant ces 7 derniers jours, l'armée anglaise n'a pas reçu un tiers de ses provisions..... Je suis bien décidé à ne pas bouger jusqu'à ce que je sois pourvu de provisions et de moyens de transport suffisants.

Talavera, 1er août 1809. — Notre position est assez embarrassante. Nous sommes misérablement pourvus de provisions et je ne sais comment remédier à ce mal. Les armées espagnoles sont maintenant si nombreuses qu'elles dévorent tout le pays. Ils n'ont pas de magasin, nous pas davantage, et nous n'en pouvons former; on s'arrache tout ici.

Pont de l'Arzobispo, 4 août 1809. — « Depuis ma dernière lettre, les choses ont changé au pire. »
Et après avoir exposé sa situation périlleuse entre les forces de Soult et de Victor et l'obligation de se couvrir du Tage plutôt que de profiter de sa position centrale pour livrer bataille aux uns et aux autres, Wellington ajoute :
« Pour que ces opérations et ces batailles pussent réussir, il était nécessaire que les longues marches à faire fussent exécutées avec célérité. Je suis désolé de devoir vous dire que, faute de nourriture, les troupes sont tout à fait incapables maintenant de répondre à ces besoins. »

Mérida, 25 août 1809. — Des circonstances que vous

connaissez m'ont obligé de me séparer de l'armée espagnole, et je dois vous dire que je ne me sens point de penchant à opérer de nouveau avec elle, sous ma propre responsabilité.....

Il vous sera peut-être agréable de savoir que je ne pense pas que les affaires ici eussent beaucoup mieux marché si vous aviez dirigé votre grande expédition sur l'Espagne, au lieu de l'envoyer contre l'Escaut (à Walcheren). Vous n'auriez pu l'équiper dans la Galice, ni quelque part que ce soit dans le nord de l'Espagne.

Si nous avions eu 60 mille hommes au lieu de 40 mille, il est probable que nous n'aurions pas livré la bataille de Talavera, faute de moyens et de provisions. Et si nous avions livré la bataille, il est probable aussi que nous ne serions pas allés plus loin. Les deux armées se seraient infailliblement séparées par suite du défaut de subsistances, probablement sans bataille, mais bien certainement, en tous cas, après la bataille.

Les renseignemnnts ci-dessus font saisir les raisons pour lesquelles Wellington garda son armée en repos sur la Guadiana jusqu'au milieu de décembre, époque à laquelle il la ramena en Portugal. Il prit alors son quartier-général à Vizeu, puis à Celorico, ayant le gros de l'armée cantonné entre le Tage et le Douro, l'avant-garde sur le front d'Almeida, avec reconnaissances vers Ciudad-Rodrigo, la division Hill à Abrantès, les Portugais à Thomar. Il veillait ainsi aux deux principales lignes d'opérations dès l'Espagne centrale contre le Portugal.

Disons tout de suite qu'après de longues négociations avec son gouvernement, avec la junte centrale espagnole, avec la régence de Lisbonne, avec ses collègues d'Espagne et de Portugal, il avait pris une résolution qui apparaît comme fort sage. Sans dédaigner les ressources qu'offraient les vastes côtes dominées par les flottes d'Angleterre pour y improviser des bases d'opérations momentanées, il en créerait une principale, sûre, permanente, près de Lisbonne, qui garantirait l'armée, en cas d'échec, contre une catastrophe semblable à celle qui menaça Moore à la Corogne. A cette fin, il fit tracer un formidable camp retranché autour des hauteurs de Torres-Vedras, figurant un triangle dont le sommet était marqué par Lisbonne et les côtés par la ligne de ces hauteurs comme base, puis par la mer et par l'embouchure du Tage.

En attendant que cette immense construction s'achevât, Wellington n'avait rien de mieux à faire que de rester dans l'expectative, ce qui ne coûtait rien d'ailleurs à son pays ni à ses plans de campagne.

Pendant ce temps, il avait compté que les Espagnols n'agiraient pas autrement et il leur avait instamment recommandé, déjà dès son arrivée à Badajoz, de rester en défensive jusqu'à nouvelle entente. Mais, au rebours de ce sage conseil, de nouvelles offensives contre Madrid furent imprudemment tentées.

Avant d'en voir les résultats, nous devons dire quelques mots de ce qui s'était passé dans la région de l'Est, théâtre de guerre séparé et spécial, il est vrai, mais ayant cependant ses rapports d'influence avec ceux du reste de la Péninsule.

Après la chute de Saragosse, dont la brillante défense avait fait rejaillir d'autant plus de gloire sur ses laborieux vainqueurs, ceux-ci s'étaient un peu endormis dans leur triomphe. Les énergiques Arragonais s'étaient au contraire réveillés dès qu'ils apprirent le départ de Mortier pour la Castille et celui de Napoléon pour la France et pour l'Allemagne, lancé dans une nouvelle guerre. Ils se disposèrent à tomber en forces sur le 3e corps resté seul à la garde du pays. La régence, qui avait des troupes en Catalogne et à Valence, les mit à la disposition du général Blake et lui donna en même temps le commandement de l'Arragon. Il réunit bientôt un corps d'armée disponible et se vit en état de former une entreprise hardie et étendue, celle de chasser les Français de l'Arragon en soulevant et armant de nouveau tout le pays contre eux : s'il obtenait un succès complet, il marcherait ensuite par la Navarre, en remontant l'Èbre par Miranda, afin de s'établir entre Bayonne et Madrid, menaçant toutes les lignes françaises d'opérations et interceptant la communication de la capitale avec la France.

La dernière partie de ce plan, quoique hasardée peut-être, paraîtra moins téméraire, si l'on songe qu'à cette époque Napoléon s'engageait dans une nouvelle guerre avec l'Autriche et que le maréchal Soult se portait de la Corogne vers le centre du Portugal, où les Anglais commençaient à organiser l'armée destinée à défendre la péninsule.

Mais Blake avait besoin d'abord de battre le corps français qui défendait Saragosse; et s'il échoua dans cette tentative, il réussit très bien à ranimer les résistances de la population. Des levées et des armements se préparèrent sur divers points de l'Arragon; Villacampa, Durand, Ramon, Gayan, sur la rive droite de l'Ebre; Mina, sur la frontière de Navarre; Renovalès, Sarrara, Perena, Pero Duro, Cantarero, et plusieurs autres, dans le haut Arragon, formèrent successivement autour du 3e corps de l'armée française un cercle de partis et de guérillas qui ne cessèrent jusqu'à la fin de la guerre de gêner tous les mouvements.

Le 3e corps se composait de troupes en grande partie de nouvelle formation et de nations différentes; les travaux pénibles du siège les avaient fatiguées et dégoûtées. La force réelle n'en compensait pas la faiblesse morale; elle ne dépassait point 15 à 16 mille combattants. Heureusement que l'habile général Suchet vint succéder à Junot dans cet important commandement.

Arrivé à Saragosse le 19 mai pour en prendre possession, Suchet apprit, dès le lendemain, que le général Laval avait été attaqué à Alcanitz et obligé de reculer devant des forces considérables : en même temps le général Robert, posté sur la Cinca, ayant fait passer huit compagnies d'élite à la rive gauche de cette rivière, s'en était vu séparer par une crue subite, sans pouvoir les secourir, et annonçait qu'elles avaient été enveloppées et prises après trois jours de combat glorieux, par la population en armes, aidée de la garnison de Lerida. La perte de ces braves méritait des regrets, mais ne pouvait plus se réparer. Ce qui demandait une attention sérieuse, une résolution prompte, c'était le mouvement de Blake sur Alcanitz; car c'était lui qui, à la tête de 18 mille hommes, entrait en Arragon et menaçait Sarragosse. Le 3ᵉ corps se trouvait disséminé; le général Suchet se hâta de rappeler le général Habert à la rive droite de l'Ebro; il emmena toutes les réserves qu'il trouva sous sa main à Saragosse, et, se portant sur la Puebla d'Ixar à l'appui de la division Leval, il alla, le 23 mai, reconnaître l'ennemi auquel il avait affaire. Celui-ci avait une position avantageuse et une artillerie nombreuse et bien servie; malgré tous les efforts de Suchet pour ramener ses troupes à la charge, elles ne purent l'emporter. Il les retira à la fin du jour et une terreur panique faillit causer une déroute: les auteurs en furent jugés et fusillés; l'ordre se rétablit et Suchet ramena son armée sous Saragosse. Néanmoins sa position était critique: s'il risquait une affaire décisive et qu'il fût battu, il compromettait tout le centre de l'Espagne; s'il évacuait légèrement cette célèbre Saragosse, l'Europe, mettant sa faiblesse en parallèle avec l'héroïsme de Palafox, l'accuserait de lâcheté, sans s'embarrasser de la différence des situations et des éléments de défense. Or, la défaite la plus complète ne saurait entraîner de plus graves résultats. Suchet fit camper ses troupes sur le mont Torrero, les fit manœuvrer; excita leur enthousiasme en leur représentant la honte qu'il y aurait pour elles à céder en énergie aux défenseurs de Saragosse, et il n'attendait plus que le retour de cinq bataillons qui avaient conduit les prisonniers en France pour faire repentir Blake de son audace. Heureusement ce général lui laissa le temps de faire tous ses préparatifs : soit qu'il voulut envelopper le 3° corps, soit qu'il redoutât de l'aborder, il mit 15 jours à tourner autour de lui, d'Alcanitz par Ixar, Belchite, Botorto et Muela.

Le 15 juin, les bataillons attendus de France devaient arriver, et déjà le 13, Blake, s'avançant par la vallée de la Huerba, avait séparé du corps d'armée et rejeté sur Epila un détachement commandé par le général Fabre, ce qui menaçait Alagon et la ligne de retraite française. Suchet porta les brigades Munier et Habert, avec sa cavalerie, au couvent de Santa-Fé, évitant toutefois d'engager l'action. Le général Laval fut laissé sur le mont Torrero avec une partie de sa division, et une réserve occupa Saragosse sous le colonel Haxo. Des escarmouches remplirent l'intervalle jusqu'au 15 : Blake alors déploya 25 mille hommes et parut offrir la bataille. Sa position était prise en avant du village de Maria, sa droite à la Huerba et à la grande route que coupait en cet endroit le pont d'un petit affluent de la Huerba ; son centre et sa gauche sur des hauteurs entrecoupées de ravins. La connaissance de ce terrain détermina à l'instant les dispositions du général Suchet. Après avoir attendu jusqu'à 2 heures après-midi l'approche des bataillons revenant de France, dès qu'il les sut à une lieue de lui, les regardant comme une réserve suffisante, il engagea toutes les troupes qu'il avait sur le champ de bataille. Il établit sa ligne parallèlement à celle de Blake, attaqua ou contint quelque temps la gauche et le centre de l'ennemi, puis, faisant une charge vigoureuse sur sa droite, il enleva le pont et la grande route, seul défilé qui offrît une retraite à l'artillerie dont Blake avait garni son front. Il y eut encore sur les hauteurs un combat qui se prolongea à la faveur d'un violent orage ; mais la retraite ou la fuite de l'infanterie espagnole le termina, et les canons, au nombre de 23, restèrent au pouvoir des vainqueurs avec un faible nombre de prisonniers, parmi lesquels un colonel et le général O'donoju.

Cette victoire de Maria sauvait le 3ᵉ corps et Saragosse : mais pour délivrer tout l'Aragon, Suchet désirait entamer ou détruire l'armée de Blake ; il la suivit avec toute la vivacité possible dans la direction de Belchite, où elle opérait sa retraite. Blake l'attendit le 18 en position devant cette petite ville ; l'attaquer de front, déborder et entamer sa gauche, fut l'affaire d'une heure. Une terreur panique se saisit des nouvelles levées ; le régiment de Valence, atteint par la cavalerie, en voulant mettre plus d'ordre dans sa retraite, fut sabré ou pris, et la déroute fut complète jusqu'à Alcanitz. Blake regagna Tortose, affaibli de 4 à 5 mille hommes tués ou prisonniers et de 25 pièces de canons.

Des succès analogues avaient été obtenus en Catalogne par les troupes de St-Cyr ; mais ils n'avaient pas les mêmes suites, parce que les obstacles étaient plus grands, et que la mer ouvrait d'immenses ressources aux insurgés. St-Cyr était devant Tarragone depuis le mois de février ; dans l'impossibilité de se tenir plus longtemps sous cette place, il réclamait à grands cris les moyens suffisants pour attaquer Girone, sans laquelle sa situation en Catalogne devait toujours être précaire. Les communications étaient presque impossibles : il n'eût pas fallu moins de 6 à 7 bataillons pour porter un ordre de Perpignan à Barcelone, et la correspondance ne s'était faite que par mer avec des peines inouïes. St-Cyr résolut donc de se rapprocher de Vich, autant pour y vivre que pour faciliter le siège de Girone.

Informé des obstacles qu'opposait cette province, Napoléon avait résolu, à la fin de 1808, d'y envoyer le 4ᵉ corps sous les ordres de Masséna. Il avait déjà passé le Rhin lorsque la guerre d'Autriche le força à le faire retourner en Allemagne.

Ce fâcheux contretemps ne fut pas celui qui contribua le moins à la mauvaise issue de la guerre d'Espagne. Cependant, les mesures furent prises pour y suppléer autant que possible : un parc de siège fut assemblé à Perpignan ; le général Verdier remplaça Reilles à Figuères, et forma un corps de 18 bataillons destiné à conduire les attaques contre la place.

Girone s'est illustrée par une défense non moins extraordinaire que Saragosse. Il est vrai que cette place est plus régulièrement fortifiée que la capitale de l'Arragon ; il est incontestable toutefois que l'opiniâtreté de sa défense est due autant à l'exaltation des habitants qu'aux ressources de l'art.

Plus fanatiques encore que leurs voisins, les Gironais déférèrent le commandement à St-Narcisse, non seulement sur les bataillons et les habitants qui se trouvaient dans la place, mais encore sur toute l'Espagne. Fiers de l'appui de ce généralissime, les habitants et les femmes mêmes se préparèrent à braver tous les efforts de l'assiégeant. Si la résistance des Espagnols eût été le résultat d'un patriotisme à la fois héroïque et éclairé, il n'est pas probable qu'ils eussent recouru à de tels moyens. Heureusement pour eux que St-Narcisse avait un bon lieutenant : le général Alvarez, un brave à toute épreuve, et non moins décidé que Palafox à rendre son nom célèbre par une défense désespérée.

Girone est située sur le Ter, au pied d'une gorge

que traverse la route de Perpignan. La ville a une enceinte assez médiocre ; mais les montagnes qui l'entourent au nord et à l'est sont couronnées de quatres forts qui en rendent l'investissement difficile et d'une étendue considérable. Pour l'attaquer du côté du sud, il eût fallu ouvrir une route à l'artillerie, car la seule praticable passe par la ville. On manquait de bras pour un tel travail ; de plus, il eût été difficile de se tenir en ville contre une population ennemie, tant que les forts n'auraient pas été réduits. Il était plus expéditif et plus naturel de commencer par prendre ceux-ci.

Verdier fut renforcé jusqu'à 18 mille hommes et St-Cyr demeura à Vich pour le seconder.

Les Espagnols ne restaient pas oisifs. Reding étant mort à Tarragone, la junte avait confié à Blake le commandement des royaumes de Grenade, Valence et de la Catalogne. Le premier effort qu'il tenta pour justifier cette confiance fut la délivrance de Saragosse. Nous venons de voir comment Suchet le reçut à Santa-Maria : Blake chercha à s'en venger en délivrant Girone. Il commença par vouloir y jeter des vivres : un convoi très riche tomba au pouvoir des soldats français.

St-Cyr jugea devoir enlever aux insurgés l'appui du fort de Palamos, qui facilitait les secours par mer ; les Italiens l'emportèrent avec beaucoup de bravoure. Cet événement, rendant le ravitaillement de Girone plus difficile, permit de pousser les travaux avec plus de sécurité.

Après un premier assaut manqué, des secours repoussés, Blake parut enfin le 1er septembre pour ravitailler la ville. Il parvint à tromper St-Cyr, en faisant mine de vouloir délivrer la place à force ouverte, et en attirant le gros de son armée vers Bellona, tandis que le brigadier Garcia-Condé introduisait 2 mille hommes avec un grand convoi de vivres et de munitions. St-Cyr marcha inutilement à Blake pour lui offrir le combat. Satisfait de l'avoir attiré, celui-ci battit aussitôt en retraite. St-Cyr revint sur ses pas; mais le convoi de mulets était ressorti de la ville aussi heureusement qu'il y était entré. Le 19 novembre, la brèche à l'enceinte du corps de place se trouvant praticable, l'assaut fut tenté, mais sans succès.

Le 26, Blake fit une troisième tentative pour secourir la place. Cette fois St-Cyr prit si bien ses dispositions que le convoi venant de l'Albisbal, assailli au moment où la tête des troupes sous O'Donell entrait dans les forts, se trouva entièrement cerné et pris. Cette brillante affaire, qui coûta 3 mille hommes aux Espagnols, se passa à la vue de l'armée de Blake, campée près de San Pelago.

Cependant la défense prolongée de Girone paraissait déposer contre l'énergie et l'activité de St-Cyr: aussi l'empereur résolut de le remplacer par Augereau, qui s'était illustré dans ce pays à la célèbre bataille de Figuerès en 1794. Ce général prit, peu de jours après, le commandement de l'armée, où il ne fit rien pour justifier ce choix. Il laissa d'abord échapper O'Donell qui sortit de Girone, où la présence de ses troupes devenait superflue après la perte du convoi de vivres.

Le 11 décembre, la place, poussée de plus en plus vivement et réduite à la dernière extrémité, se décida enfin à capituler. La moitié de la population et de la garnison avait succombé dans cette glorieuse lutte.

Cet événement mit fin à la campagne de 1809 dans les parages de l'est.

Revenons maintenant dans la région centrale, où nous avons laissé Wellington replié de Badajoz sur le Portugal, en conseillant l'expectative et la défensive aux Espagnols restés dans les environs de Truxillo et dans la Manche sous les généraux Cuesta, Albuquerque et Vanegas.

Loin de suivre les avis de Wellington, dont ils se plaignaient amèrement et se défiaient encore davantage, ces avis leur parurent sans doute une indication de faire tout le contraire. Ils croyaient d'ailleurs qu'ayant remplacé Cuesta par Eguia et Vanegas par Arrizaga, en attendant que la junte centrale cédât ses pouvoirs aux Cortès, qui devaient se réunir prochainement, ils avaient pourvu au nécessaire. De plus, ils pouvaient savoir les vifs dissentiments qui régnaient dans les hauts états-majors français et ils en tiraient des pronostics favorables. Ce n'était un mystère pour personne que tout le monde, dans les camps comme à la cour du roi Joseph, avait été mécontent de l'issue de l'expédition sur Talavera. Les récriminations étaient sans nombre ; Jourdan, entr'autres, avait demandé à être relevé de son poste, et Napoléon avait fait savoir qu'il le remplacerait par Soult, avec le titre de major-général et le pas sur tous les maréchaux. A son tour le maréchal Ney, ne voulant pas obéir à Soult, était parti pour la France, autorisé par le roi, en prévision de cette mutation, et le commandement du 6⁰ corps avait passé provisoirement au divisionnaire Marchand.

Ce général se vit bientôt fort inquiété dans ses cantonnements autour de Salamanque par les troupes du duc del Parque, qui étaient celles de l'ancienne armée de La Romana. Basées sur la place de Ciudad-Rodrigo, elles harcelaient sans cesse le corps de Ney, comme précédemment en Galice. Marchand résolut de se débarrasser de ce voisinage désagréable, et, le 16 octobre, à Tamamès, il attaqua le duc. Celui-ci, installé dans une forte position, brava tous les efforts de l'assaillant et repoussa la division Maucune en lui infligeant des pertes sensibles; après quoi il parvint même à s'emparer de Salamanque.

Cet échec du vaillant 6⁰ corps fit grand bruit et ne pouvait être laissé sans revanche. Renforcé des dragons du général Kellermann, venus de Valladolid, il prit cette revanche le 28 novembre, à Alba de Tormès; toutefois elle ne fut pas aussi éclatante qu'il l'eût désirée. L'attaque s'étant faite très vivement et avant la concentration de toutes les troupes, le duc del Parque fut battu, à la vérité, mais ne put être ni capturé, ni gravement entamé, comme on l'avait espéré.

Au sud de Madrid les armées d'Eguia et d'Arrizaga, réunies maintenant sous les ordres de ce dernier et montant à une cinquantaine de mille hommes, avaient aussi cru devoir reprendre l'offensive avec la capitale comme objectif. S'avançant de la Manche sur Aranjuez, précédée d'une forte avant-garde, celle-ci débouche, le 12 novembre, dans la plaine d'Ocana et attaque le corps de Sébastiani. Une rude mêlée de cavalerie s'engage, où les dragons de Milhaud refoulent et détruisent les célèbres carabiniers royaux, l'orgueil de la Castille.

Ce succès permet à Sébastiani de se maintenir entre le Tage et Ocana, couvrant le pont d'Aranjuez, où il ne tardera pas à recevoir du secours. C'est d'abord le corps de Mortier qui lui arrive, et avec lui marche le roi suivi de sa réserve. Bientôt le corps de Victor, appelé de Villamaurique, pourra aussi le rejoindre.

L'armée espagnole s'étant, de son côté, avancée à l'appui de son avant-garde, une vraie bataille s'engage le 18 novembre et se continue le 19, tout autour d'Ocana. Commandée d'abord par Mortier, puis par le roi Joseph en personne, assisté de Soult, qui penchait cependant à renvoyer au lendemain pour attendre le corps de Victor, l'action s'agrandit d'heure en heure. Chaudement menée dans la matinée et avec des péripéties diverses, notamment le feu efficace d'une batterie de 30 pièces amenée à point par le général Senarmont pour battre une menaçante masse ennemie, elle se prononce de plus en plus l'après-midi en faveur des Français, grâce à l'action de toute la cavalerie Sébastiani et à l'arrivée, le soir, de la division Latour-Maubourg, du corps de Victor, sur la droite espagnole. La déroute de l'armée d'Arrizaga, qui donnait ses ordres depuis le clocher d'Ocana, ne tarde pas à se manifester, puis à devenir complète. Elle s'enfuit jusqu'à Gardia, plus tard jusqu'à la Sierra-Morena, laissant aux vainqueurs 50 canons, 30 drapeaux et 20 mille prisonniers, tandis que les Français n'eurent qu'environ 1500 hommes hors de combat. Les jours suivants, cinq à six mille de ces commodes prisonniers, ayant jeté préalablement leurs armes, furent encore recueillis par la cavalerie et par le 1er corps, chargés de la poursuite.

Par cette journée décisive d'Ocana, les circonstances devenaient favorables pour reprendre l'expédition d'Andalousie, tant de fois ajournée ou contrecarrée. Aussi le roi Joseph décida de s'y vouer avec zèle sans plus tarder. Il obtint à cet effet l'assentiment plus ou moins tacite de l'empereur, qui plus tard donna même des directions s'alliant avec ses propres plans. Depuis les déceptions des Anglais par la paix de Vienne et à Walcheren, Napoléon comptait se retourner vigoureusement contre eux dans la Péninsule Ibérique, et il pensait pouvoir faire converger la campagne du Sud de l'Espagne, désirée par Joseph, vers celle plus importante du Portugal, qu'il organisait de Paris sur une grande échelle, en laissant courir le bruit qu'il les dirigerait lui-même en personne.

Arrivé à cette nouvelle période de la Guerre d'Espagne, je dois fermer ici ma parenthèse ouverte sur les opérations de Talavera par le récit impérial du château de Schönbrunn.

On se rappellera qu'après la paix de Vienne j'avais suivi l'empereur à Paris.

Nous y étions à peine installés qu'on apprit l'issue malheureuse du combat de Tamamès, mentionné ci-dessus, et la prise de Salamanque par le duc del Parque contre les troupes de Marchand.

Cette fâcheuse nouvelle mit au comble le mécontentement de Napoléon et ses plaintes au sujet des affaires d'Espagne. Il reprocha au maréchal Ney de s'être absenté de son corps, l'accusant d'être ainsi la cause d'un échec qui nuirait à sa propre gloire, car on dirait toujours que c'était le corps de Ney qui avait été battu. Il lui ordonna de partir sans délai, pour y retourner, et de faire même annoncer son retour par un courrier, afin de relever la confiance de ses troupes.

En me communiquant ces évènements, le maréchal m'ordonna de venir le joindre sans retard à

Bayonne. Je me mis aussitôt en mesure d'obéir à cet ordre et de refaire mes équipages. J'avais laissé mes chevaux et mon fourgon d'état-major au sous-chef qui remplissait les fonctions de chef en mon absence ; mais j'en avais perdu plusieurs et avais besoin de les remplacer. Il m'était dû six mois de frais de bureau et j'avais demandé au ministre de la guerre d'être payé d'urgence. J'achetai plusieurs chevaux et les acheminai sur Bayonne.

Lorsque je fus prêt, j'allai chez le ministre de la guerre Clarke, afin de prendre congé de lui et lui demander ses derniers ordres pour le maréchal, qui s'était déjà rendu à sa terre près Châteaudun. On se figurera ma stupéfaction lorsque Clarke me dit : « Vous voulez partir, qui vous en a donné » l'ordre ? » — Mais c'est Monsieur le maréchal. — « Cela m'étonne, il n'y a à Paris que le ministre de » la guerre qui puisse vous donner des ordres et » j'ai d'ailleurs des motifs de croire que ce n'est » pas dans les intentions du maréchal que vous le » suiviez en Espagne. » — C'est un peu fort, répliquai-je, voilà l'ordre écrit qu'il m'en a donné !

Le ministre de la guerre, encore plus étonné que moi, me dit : « Comment ! le maréchal vous a » donné cet ordre !!! et il y a quatre jours que, » sur sa demande, vous êtes remplacé comme chef » d'état-major ! »

C'est bien le cas de dire que je fus comme frappé de la foudre. Moi qui avais la plus haute idée du noble caractère de Ney et des preuves de sa générosité, je me sentis froid au cœur. S'il m'eût annoncé lui-même, comme il le fit quatre ans plus tard (en 1813), qu'il ne lui fallait qu'un mannequin pour chef d'état-major et qu'il me faisait remplacer en cette qualité en continuant néanmoins à m'accorder sa bienveillance, j'aurais trouvé la chose fort naturelle de sa part, après ce qui s'était passé à Vittoria. Mais me faire acheminer vers l'Espagne avec mes fourgons d'état-major que j'avais dû reconstituer, mes chevaux et mes hommes, et me donner l'ordre écrit de le joindre à Bayonne, après avoir demandé mon remplacement, il n'y avait pas de raison pour justifier un acte aussi blessant. Je ne puis encore y songer, après 50 ans, sans douleur et sans étonnement, car j'en cherchai vainement les causes : rien ne le justifiait [1].

Comme j'avais l'ordre écrit de partir pour Bayonne et qu'il émanait de mon chef direct, je ne pouvais me dispenser de lui envoyer une estafette à son château de Châteaudun, où il se trouvait encore, afin de lui exposer mon étonnement et mon embarras. Il me répondit *sans phrases* qu'il m'engageait à rester à Paris et à prendre les ordres du ministre de la guerre.

[1] **Aurait-il eu vent de ce que je l'avais présenté à l'empereur comme plus apte à gagner des batailles qu'à faire une guerre de gendarmerie contre des insurgés ? Mais je n'avais fait en cela qu'exécuter ce qu'il m'avait recommandé lui-même en partant d'Astorga..... Ou bien aurait-il encore été excité à ce procédé par d'autres *cancans* ? — Gén. J.**

Tout cela était si étourdissant et la manière dont le ministre de la guerre m'avait annoncé que c'était lui et non le maréchal qui donnait des ordres à Paris, que je pus un intant penser que l'empereur, qui voulait, disait-on, retourner en Espagne diriger les affaires, me réservait une destination, ce qui était assez naturel après avoir été pendant deux campagnes attaché à sa personne ; ou bien me réserve-t-on, pensais-je encore, une des nouvelles brigades suisses, car les seize mille capitulés Suisses par Ney allaient être formés en quatre brigades aux ordres du prince Berthier, comme colonel-général des Suisses ?..... Anxieux, je me hâtai donc d'aller chez le ministre lui communiquer la réponse du maréchal et le prier de me dire ce que Sa Majesté voudrait bien faire de ma personne. Clarke me renvoya au prince de Neuchâtel, major-général, à la disposition duquel j'étais placé. J'allai me présenter à lui. Hélas ! le dernier rayon d'espérance s'évanouit à cette entrevue, à moins qu'on ne crût devoir faire encore mystère des projets se rattachant à la nomination de Berthier comme major-général de l'armée d'Espagne.

En attendant, ce n'était pas même à ses ordres que je passais, c'était à ceux de son sous-chef, le colonel Bailly de Monthion !!!

———

Ici se termine, dans les *Souvenirs* manuscrits du général Jomini, le récit de la Guerre d'Espagne.

Comme il n'y retourna pas, il n'en parle plus qu'incidemment, à l'occasion des rapports qu'elle put avoir avec d'autres évènements, notamment avec les campagnes de Russie, d'Allemagne, de France, où nous ne pouvons le suivre.

Mais afin de ne pas laisser le lecteur en suspens au beau milieu de la Péninsule, nous donnerons, d'après diverses notes laissées par le général Jomini[1], un bref résumé des luttes qui ensanglantèrent encore ce malheureux pays jusqu'à leur issue en 1814. Ainsi l'on aura le tableau d'ensemble et l'on verra au moins comment elles se terminèrent.

Après cela seulement, il sera possible d'en déduire les leçons qu'elles comportent et qui, dors et déjà, nous paraissent dignes d'être méditées, surtout par les pays de milices, comme l'est plus particulièrement la Suisse et comme le sont un peu devenus tous les Etats européens depuis l'institution du service obligatoire, des réservistes plus ou moins nombreux et des troupes dites territoriales.

[1] La liasse de papiers porte cette étiquette explicative: « Divers
» brouillons relatifs à ma « Vie de Napoléon » qui avaient été
» préparés en vue d'une seconde édition projetée, mais à laquelle
» il a fallu renoncer à cause de la contrefaçon belge qui a inondé
» l'Europe de cet ouvrage. — Bons à brûler. » (Voir aux pages
148 et 149, à titre d'autographe, le fac-similé de cette étiquette. — L.)

CHAPITRE VII

Deuxième campagne d'Andalousie. — Prise de Séville, de Cordoue, de Malaga. — Echec devant Cadix, dont il faut faire le siège infructueux. — Décrets de Napoléon répartissant l'Espagne en commandements militaires. — Ses projets d'annexion des provinces de l'Ebre à l'Empire français.

Conformément aux indications de notre chapitre précédent, la nouvelle campagne de l'Andalousie s'ouvrit dans les premiers jours de l'année 1810. Le roi Joseph, laissant aux 2e, 6e et 8e corps[1] le soin de masquer le Portugal, qu'ils ne tarderaient pas à envahir, réunit les 1er, 4e et 5e corps, sa garde et la réserve de Dessolles entre la Guadiana et la Sierra-Morena. Pour franchir les défilés de cette chaîne de montagne, tenus par les débris de l'armée d'Arrizaga, les forces du roi, montant à environ 50 mille hommes, furent réparties en trois colonnes principales.

[1] Le 2e corps avait passé à Regnier, le 8e arrivait de France, sous Junot; le 6e était de nouveau commandé par Ney. Un 9e corps, sous d'Erlon, se formait à Bayonne. Bessières commandait l'armée dite du Nord. Les 3e (Suchet) et 7e corps (Augereau) opéraient dans l'est. — L.

A la droite, le 1er corps déboucha par les montagnes de Pedroches sur Cordoue ; au centre, le gros, soit le 5e corps et les réserves, avec le roi, franchit le défilé de Despena-Perros et suivit la grande route de la Caroline et d'Andujar ; à gauche, le 4e corps marcha par Infantes sur Ubeda. Sur ce dernier point, Arrizaga s'était mis en garde en retranchant les hauteurs de Montizon. Attaqué vivement sur son front et sur sa droite, il fut mis en complète déroute, perdant d'abord ses retranchements avec trois mille hommes, puis, à quelque distance de là, toute la division Castejon, d'environ cinq mille hommes. Sébastiani continua sa marche victorieuse sur Jaën, puis sur Grenade, où il entra après un léger combat à Alcala-Real. Il dut ensuite se porter sur Malaga.

Le centre avait aisément forcé le défilé de Despena, occupé la Caroline et atteint Andujar le 21 janvier, en même temps que Victor débouchait sur Cordoue.

En forçant un peu de marche, par Ecija, dans la direction de Séville, l'un ou l'autre de ces corps aurait pu prévenir la gauche espagnole, engagée vers Zafra, et enlever Cadix. Au lieu de cela, une fois à Andujar, Joseph montra une circonspection excessive, ce qui permit à la gauche espagnole sous le duc d'Albuquerque, qui s'était trouvée isolée entre Badajoz et Zafra, de gagner Cadix où elle arriva le 4 février. On aurait pu peut-être y entrer sur ses talons, en activant l'opération ; mais, sur les conseils insistants de Soult, l'attaque en force fut d'abord dirigée contre Séville, où un temps précieux fut perdu, de sorte que les troupes françaises arrivèrent à Chiclana, devant Cadix, le 5 février seulement, soit 24 heures trop tard.

Séville, après que la junte centrale se fût enfuie à Cadix, reçut Joseph en triomphe le 31 janvier ; mais ce n'était plus que la capitale de l'Andalousie, au lieu d'être le centre de résistance de la Péninsule. On y recueillit toutefois une nombreuse artillerie.

De son côté, Sébastiani avait marché sans relâche et tout en combattant de Grenade sur Malaga. La garnison étant sortie à sa rencontre avec six mille hommes, il les attaqua vivement, les refoula dans la ville, y pénétra pêle-mêle avec eux et dispersa les combattants ou leur fit mettre bas les armes. La place, munie de 140 pièces de canons, restait conquise.

C'étaient là de brillants et rapides succès ; mais la clef de toutes les provinces méridionales, Cadix, y manquait. Cela au moment où la junte centrale avait dû remettre ses pouvoirs à une régence provisoire de cinq membres, venant de convoquer les Cortès ; ce qui augmentait encore l'importance de la grande place maritime espagnole.

Sous cette régence, entièrement dévouée au cabinet de Londres, les troupes anglaises furent admises à concourir à la défense de Cadix et la division Graham y fut tout d'abord affectée. La Romana, qui venait de quitter son poste à la junte, fut chargé de retourner en Estramadure et se rangea aux ordres de Wellington, ainsi que les autres généraux espagnols. Il y eut dès lors plus d'unité dans les affaires militaires de l'Espagne.

A ce même moment, Napoléon s'était décidé à de graves mesures pour donner à son tour plus d'unité à ses affaires d'Espagne et pour se montrer redoutable. Il ordonna l'organisation des provinces entre les Pyrénées et l'Ebre en gouvernements militaires sous des généraux français. Ceux-ci étaient chargés, à côté de leurs fonctions militaires, de l'administration et des perceptions d'impôts et relevaient de l'empereur directement, ce qui pouvait être envisagé comme le prélude de l'annexion de ces provinces à l'Empire. Ainsi, le général Bonnet fut nommé gouverneur des Asturies ; Caffarelli, de la Biscaye ; Reille, de la Navarre ; Baraguey-d'Illiers, de la Haute-Catalogne ; Maurice Matthieu, de la Basse ; l'Arragon resta sous Suchet, qui y était craint et estimé ; Bessières garda le commandement de l'armée du Nord, ses divisions actives gardaient le pays entre le Douro et l'Ebre. Soult conservait son armée d'Andalousie, occupée en partie à bloquer ou observer Cadix ; Masséna, celle dite du Portugal.

Le roi Joseph n'avait plus que l'armée dite du centre, composée de la réserve et de la garnison de Madrid. Rentré dans sa capitale après une tournée triomphale en Andalousie, son mécontentement au sujet des décrets de son auguste frère fut d'autant plus grand que l'hostilité des Espagnols contre la France en reçut une vive recrudescence. Il réclama instamment à Paris, par écrit et par des délégués, un allègement à ces réformes qui menaçaient l'unité de l'Espagne et de son gouvernement. Ce fut en vain. Il fallut obéir.

Quant aux opérations françaises dans le Midi, elles étaient partout en bonne voie, sauf devant Cadix et devant la place forte de Badajoz, d'où les Espagnols pouvaient à chaque instant déboucher en forces sur les deux rives de la Guadiana. Ces deux obstacles étaient de ceux qui pouvaient devenir de sérieux dangers ; aussi Soult, qui les avait un peu trop négligés jusqu'alors, sans doute parce que son initiative habituelle n'avait pas trouvé de stimulant dans le système de temporisation de son adversaire, sentit enfin la nécessité de faire un effort décisif.

Son premier soin fut de bloquer par terre cette importante place de Cadix, qu'on avait laissé échapper. Trois cents bouches à feu prises dans les dépôts espagnols de Séville ou dans les retranchements de la Sierra-Morena, servent à armer une ligne de contrevallation, qui ne compte guère moins de dix lieues depuis Rota jusqu'à la tour de Bermeja. On se flatte, à l'aide de ces formidables lignes, d'enfermer les forces hispano-britanniques dans une mince langue de terre, comme si Gibraltar, Carthagène et vingt ports sur les côtes de la

Méditerranée et de l'Océan ne permettaient pas à l'ennemi de porter même une partie des défenseurs de Cadix sur tous les points où il serait convenable d'opérer un effort contre les assiégeants.

Instruit de ce qui se passait en Andalousie, Napoléon jugea que, puisque la faute était commise, il ne fallait pas évacuer un pays déjà célèbre par l'échec de Baylen, et dont la population, fatiguée de révolutions et de sacrifices, avait bien accueilli les troupes françaises. Toutefois, comme cette occupation changeait la nature des projets contre le Portugal, l'empereur prescrivit à Masséna d'agir avec mesure, en commençant par réduire les places de Ciudad-Rodrigo et d'Almeida, et à Soult de le seconder, en pressant la réduction de Badajoz, pour faire une diversion dans l'Alemtejo.

L'empereur ne se dissimulait point le peu d'avantage réel du blocus de Cadix, ni la difficulté de soumettre cette place sans moyens maritimes ; néanmoins, il pensait que si l'on parvenait à jeter des bombes dans la ville, on réussirait à engager les habitants à la soumission et la régence à en donner l'exemple.

Dans ce but, il fit fondre et expédier des mortiers d'un nouveau modèle (à la Villantroys), qui portaient les bombes jusqu'à 3000 toises. Un convoi de ces mortiers avec des bombes et des munitions, partit de Toulon, prit des troupes à Porto-Ferrajo, et fit voile pour Malaga ; d'autres furent expédiés par terre. On s'en promettait un grand effet ; d'ailleurs, en supposant tous ces efforts inutiles, il n'y avait pas à hésiter ; il fallait bien se décider, soit à conserver un corps d'armée qui se promènerait sans résultat entre le Guadalquivir et le Tage, soit à faire des établissements durables dans l'Andalousie. Or, la première condition de réussite pour de tels établissements était, sinon de soumettre Cadix, du moins de masquer ce débouché, et d'empêcher l'ennemi de sortir de ce boulevard pour fondre sur les corps français disséminés. Victor eut cette tâche ; Mortier garda Séville et observa la route de Badajoz ; l'ancienne division Dessoles occupa Cordoue et Jaen ; enfin Sébastiani eut assez à faire à occuper Grenade, Malaga, et à surveiller d'un côté Gibraltar et de l'autre les rassemblements nombreux que les ennemis formaient sur sa gauche dans les royaumes de Murcie et de Valence. La garde était retournée à Madrid avec le roi Joseph.

Toute l'année 1810 fut employée par Soult à obtenir ces différents résultats, et il faut convenir que s'il ne déploya pas son activité d'une manière plus utile contre les Anglais sur le Tage, il racheta sa faute par les soins qu'il donna à ses établissements de Grenade et Séville et aux préparatifs contre Cadix. Il vint un moment où ses espérances furent près d'être couronnées, et où les Espagnols eux-mêmes regardèrent le pouvoir du nouveau roi comme définitivement consolidé en Andalousie.

Soult établi à Séville et Sébastiani à Grenade y tenaient une cour somptueuse : placés sur le sol classique de la chevalerie mauresque, ils faisaient tous leurs efforts pour rappeler, par des fêtes, le beau temps des Abencerages ; mais ce séduisant régime paralysait 50 mille hommes à des accessoires, tandis que Wellington fondait paisiblement le système défensif qu'on n'aurait jamais dû lui laisser le temps d'organiser.

Si les quartiers-généraux de ces deux chefs offraient tous les charmes de la paix et les agréments d'une heureuse conquête, leurs cantonnements n'étaient pas toujours aussi paisibles. La nécessité de disséminer les troupes pour opérer la soumission des provinces et contenir un ennemi dispersé sur toute la surface d'un vaste pays donnait aux généraux alliés le moyen de tomber fréquemment sur des brigades isolées et de fatiguer les soldats français par une guerre ennuyeuse et rebutante. La Romana, Ballesteros et Mendizabal aux confins du Portugal et de l'Estramadure, Blake et Ellio du côté de Murcie, enfin Lacey et plusieurs autres, partis de Cadix pour aller débarquer sur la côte vers Moguer, livrèrent une foule de combats partiels, où, d'abord vainqueurs contre de faibles détachements, ils étaient ensuite battus et dispersés pour aller se rallier sur des points convenus d'avance.

Agissant sous la protection des places de Gibraltar, Cadix, Badajoz et Ciudad-Rodrigo et à l'aide des habitants du pays, les alliés harcelaient sans cesse les troupes françaises sur tous les points où elles laissaient un détachement en prise. Différents corps d'armée éprouvèrent tour à tour les dangereux effets de l'activité de ces pointes offensives, dont le résultat le plus fâcheux était de tenir constamment en alerte les populations et de les forcer à servir d'auxiliaires.

Naturellement les Anglais encourageaient le plus possible ces efforts. Pour cela, ils voulurent entre autres concerter une attaque contre Malaga avec l'armée de Murcie. Lord Blenheim vint débarquer le 13 août sur la côte d'Almeria ; mais trompé à l'approche d'une colonne de Sébastiani, qu'il prenait pour les Espagnols, il fut culbuté et pris lui-même avec 7 à 800 hommes. Ses débris eurent de la peine à regagner leurs embarcations.

Pendant ces opérations dans le sud, il ne s'était rien passé de remarquable au nord-ouest. Le 8e corps, sous Junot, avait repris le poste important d'Astorga, que le 6e corps, lors de son mouvement sur Talavera, avait abandonné à l'armée de Galice. Le général Bonnet, gardant les Asturies, était tous les jours aux prises avec les corps que les Espagnols avaient réorganisés en Galice après l'évacuation de cette province. Porlier, neveu de La Romana, harcelait tour à tour cette division des Asturies et celles qui gardaient le royaume de Léon. D'autres partisans inquiétaient successivement tous les points de la Navarre et de la Castille, qui demeuraient et forçaient les corps d'occupation à une fatigante surveillance.

Le maréchal Ney, revenu de Paris pour prendre le commandement du 6ᵉ corps après l'affaire de Tamamès, s'établit à Salamanque pour observer les forces de Beresford, bientôt jointes par l'armée entière de Wellington. Reynier, à la tête du 2ᵉ corps, avait guerroyé contre la division anglaise de Hill et les troupes de La Romana sur la gauche du Tage.

Malgré la présence de ces forces alliées, qui, groupées autour de l'armée de Wellington, devenaient de jour en jour plus menaçantes, les brillants succès de Soult et de Suchet, les victoires d'Ocana, de la Sierra-Morena, de Santa-Maria, jointes à la soumission des provinces du sud et à la toute puissance de la France à cette date, purent bien confirmer l'empereur et aussi le roi Joseph dans l'espoir qu'ils viendraient à bout de l'entreprise à force de temps et de sacrifices. Napoléon pensait lasser ainsi la patience des Espagnols : il ne connaissait encore ni leur caractère énergique et persévérant, sur lequel on l'avait complètement trompé, ni la ténacité de l'armée anglaise et l'habileté de son chef, dont il avait pris une fausse idée par les campagnes du duc d'York en Hollande et en Flandre. La régence d'Espagne, quoique reléguée à Cadix, n'en donnait pas moins des ordres dans toute la monarchie. Les prêtres étaient les officiers d'état-major qui transmettaient ses ordres et en

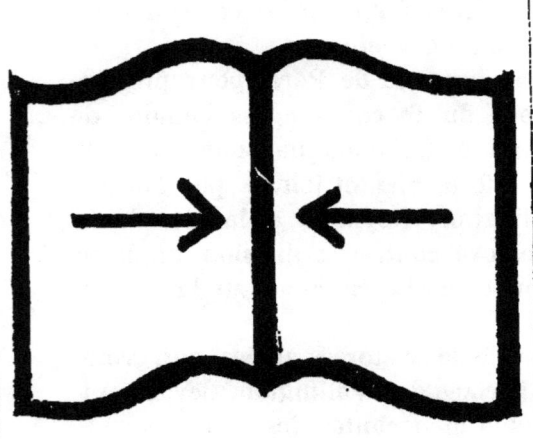

RELIURE SERREE
Absence de marges
intérieures

Divers █quillons

█latif a ma V█ █ Napoleon qui avaient ete prep█ en vue d'une seconde Edition █rojetée, mais à laquelle il a fal█ renoncer p█ à cause de la Contrefa█ Belge qui a inondé l'Europ█ █es ouvrage

Bons à tir█

NB. Voir page 187 l'indication relative █lé d'un autographe du général Jomini.

surveillaient l'exécution ; parlant au nom du ciel, ils étaient obéis : ils sont parvenus à envoyer des amiraux servir dans l'infanterie des insurgés. La résistance était partout, et partout où les Français restaient victorieux, c'était sans autre résultat que le besoin d'aller vaincre autre part et de venger des surprises partielles.

Nous allons voir qu'il en fut encore de même dans la troisième expédition du Portugal, bien qu'aux ordres d'un illustre général qui avait fait ses preuves aux grandes affaires de Zurich, de Gênes, d'Essling.

CHAPITRE VIII

Troisième invasion du Portugal, sous Masséna. — Bataille de Busaco. Lignes de Torrès-Vedras. — Retraite de Masséna. — Bataille de Fuentès-d'Honoro. — Bataille d'Albuera. — Siège de Badajoz par Wellington, et sa délivrance par Soult et Marmont réunis. — Siège de Ciudad-Rodrigo par Wellington, et sa délivrance par Marmont et Dorsenne réunis. — Brillants succès de Suchet dans l'Est, qui y gagne son bâton de maréchal et le titre de duc d'Albufera.

Chargé de la nouvelle expédition contre le Portugal, le héros d'Essling, s'il espérait mieux faire que ses prédécesseurs Junot et Soult, n'avait pas grand espoir d'obtenir de meilleurs résultats. Comme tant d'autres, il voyait en noir cette déplorable guerre de la Péninsule et il ne s'y rendit qu'à contre-cœur. Les états-majors qu'il y trouva sous ses ordres ne lui étaient pas sympathiques ; ils le jugèrent vieilli et on se le redit abondamment dans l'armée, surtout dans les corps de Ney et de Junot.

Les opérations du début semblèrent justifier ce jugement. Tout d'abord, il fallut procéder à la soumission des places qui gardaient la frontière portugaise. Junot avait repris Astorga, que Ney avait dû abandonner à l'armée de Galice pour marcher sur Talavera. Retaient celles plus importantes de Ciudad-Rodrigo, tenue par les Espagnols, et d'Almeida, occupée par les Portugais.

L'opération préalable du siège de ces deux places fut confiée au corps de Ney, et malgré les petits moyens de siège dont il disposait, il y réussit au-delà de toute espérance. C'est en effet une rude entreprise qu'un siège à 200 lieues de ses frontières, dans un pays dénué de communications et entièrement soulevé. Combien de soins minutieux pour rassembler le matériel ! Combien de dangers pour le faire mouvoir au milieu d'une population armée, ne respirant que le pillage des convois et le massacre des escortes !

L'enceinte de Ciudad-Rodrigo était irrégulière, mais capable de résistance : elle possédait une des bonnes écoles d'artillerie dont l'Espagne était redevable au règne créateur de Charles III. La garnison de 8 mille hommes, commandée par le brigadier Herrasti, annonçait l'intention de faire son devoir, et y était doublement excitée par le fanatisme de la junte administrative.

Longtemps elle soutint le feu destructeur des batteries assiégeantes, qui causèrent un grand ravage dans la ville et firent sauter l'arsenal ; mais les batteries étaient trop éloignées pour ruiner la maçonnerie des ouvrages ; il fallut les rapprocher. Enfin, après s'être signalée dans plusieurs sorties, la brèche étant pratiquée et le fossé comblé par l'explosion de la contrescarpe, la garnison capitula le 10 juillet, après vingt-cinq jours d'attaque ; elle demeura prisonnière de guerre.

De Ciudad-Rodrigo, on passa immédiatement à l'investissement d'Almeida, après avoir délogé l'arrière-garde anglaise postée sous cette ville. Six mille Portugais, moitié troupe de ligne, moitié milices, s'apprêtaient à une défense désespérée ; mais l'explosion d'un immense magasin à poudre ayant fait sauter la citadelle et une partie de la ville avec un fracas horrible, le gouverneur se rendit le même jour, grâce aussi aux séductions d'un officier général portugais, ancien ami de la France, le marquis d'Alorna (27 août).

Obsédé à son tour par ce dernier, Masséna, trop oublieux de ce qui était arrivé à Junot et à Soult, eut la générosité déplacée de renvoyer les milices portugaises dans leurs foyers et d'incorporer les troupes de ligne dans son armée. Il se rappelait qu'une brigade portugaise s'était distinguée sous les aigles françaises dans la campagne de Wagram ; il croyait gagner les Portugais par de bons traitements. Mais la haine générale était trop violente ; il ne tarda pas à se repentir d'un excès de confiance, qui rendit bientôt 4 à 5 mille soldats aux troupes de Wellington.

Le généralissime anglais était resté paisible témoin de ces deux sièges, quoique les corps de Ney et de Junot ne comptassent pas plus de 30 mille hommes, et qu'il en fallût la moitié aux tranchées. Il avait divisé ses forces en deux grands corps, on ne sait trop pourquoi ; il n'avait que 30 mille hommes à Celorico, à la tête de la vallée du Mondego, tandis que le général Hill, avec la droite forte de 15 mille hommes, se trouvait à Portalègre, sur la gauche du Tage, contre le corps de Reynier, qu'il eût suffi d'éclairer par un corps léger de Portugais et celui de La Romana ; enfin, la réserve de 10 mille hommes sous Leith demeurait encore à Thomar, à 30 lieues de l'armée, et 12 mille Portugais étaient lancés en partisans sur la frontière. Il semble qu'en réunissant tant de moyens et prenant l'initiative, Wellington eût pu aisément troubler les opérations contre les places de Ciudad-Rodrigo et d'Almeida, sans compromettre les espérances attachées à son système de temporisation.

Lorsqu'il eut terminé tous les apprêts pour l'invasion, Masséna fit venir à lui le corps de Reynier au milieu de septembre et se dirigea sur Celorico. L'ennemi n'étant pas en mesure, se replia en descendant la gauche du Mondego, où dix affluents fortement encaissés présentent autant de bonnes lignes défensives. Mais Masséna s'étant dirigé par la rive droite sur Vizeu, le général anglais passa le Mondego, marcha vivement sur les montagnes d'Acobar, où il appela en même temps les corps de Hill et de Leith par la route d'Espinoha. Il espérait ainsi couvrir Coimbre et la route de Lisbonne, en s'établissant avec toutes ses forces sur diverses positions favorables qu'il avait soigneusement étudiées. Une de ces positions avantageuses se trouvait sur le plateau de Busaco, qui s'étend des bords du Mondego jusqu'à la grande route, au sommet duquel, à 300 pieds au-dessus des vallées qui l'entourent, se trouve le couvent de Busaco, des moines de La Trappe. C'est là que l'importante jonction des corps anglais s'effectua le 26 septembre, au moment où l'armée française venait d'arriver devant cette formidable position. Ney, qui se présenta le premier, penchait pour l'attaque immédiate; mais il se décida à attendre le général en chef. On assure qu'alors la jonction de Hill et de Leith n'était pas achevée, qu'elle ne l'était pas même encore, lorsque Masséna fit sa reconnaissance. Si la chose est vraie, ce délai fut une fatalité bien déplorable pour lui. En effet, le héros d'Essling et de Gênes, accoutumé dans les Alpes et l'Apennin à ne pas se laisser effrayer par des rochers d'un accès difficile, se décida à ordonner l'attaque pour le lendemain, bien que la réunion de toutes les forces ennemies fût alors consommée.

Pour arriver aux Anglais, il n'y avait que deux chemins, celui du couvent de Busaco [1] et celui de San Antonio de Cantaro. Le 6ᵉ corps attaqua par le premier, en colonnes profondes et échelonnées ; des escarpements rocailleux ne permettaient pas d'y arriver autrement et le canon ne pouvait pas

[1] Busaco, qui ne figure pas sur notre carte, est un peu au nord de Coimbre. — L.

suivre l'infanterie. Reynier attaqua de la même façon par San-Antonio.

Les troupes des deux corps français gravirent avec leur impétuosité accoutumée et sous un feu horrible, ces hauteurs où l'ennemi les attendait bien préparé. Après avoir refoulé la première ligne placée sur le versant, elles arrivèrent par brigades sur le sommet, hors d'haleine et déjà un peu décousues à la suite de ce vigoureux effort ; exposées ici au feu concentrique d'une nombreuse artillerie tirant à mitraille, essuyant des feux de bataillons meurtriers, chargées à leur tour par des troupes fraîches et reposées, prises en flanc par une nuée de Portugais, elles redescendirent la montagne avec une perte sensible, et sans avoir pu même en faire éprouver à l'ennemi. Le général Simon est tué et le général Ferrey blessé à la tête de la colonne du 6e corps. L'intrépide Foy et le brave Graindorge, qui conduisent l'attaque du corps de Reynier, sont blessés grièvement sans obtenir plus de succès. Un instant, ils se flattent de culbuter la droite ennemie, quand le corps entier de Hill, placé en réserve, vint assaillir leurs troupes décousues et les refouler au pied de la montagne après un combat meurtrier.

Cette boucherie, qui coûta aux Français 6 à 7 mille hommes mis hors de combat, était d'autant plus funeste qu'elle changeait la disposition morale des deux armées et qu'on aurait pu l'éviter, soit en poussant plus vivement l'affaire avant l'arrivée de

Hill et de Leith, soit en manœuvrant pour déloger l'ennemi. « Quand Masséna aurait agi d'après les » propres conseils de Wellington, dit l'écrivain » militaire anglais, il n'aurait pu préparer sa dé-» faite par des moyens plus efficaces [1]. »

Le mal étant fait, la position de Masséna devenait des plus critiques; il ne pouvait ni rester sans vivres au pied de la montagne, ni rétrograder sans danger en face d'un ennemi qui épiait avec facilité tous ses mouvements. Repasser le Mondego pour agir sur la rive gauche était tout aussi impraticable, puisque Wellington avait la ligne directe pour y prévenir Masséna.

Un heureux hasard tira le généralissime français du mauvais pas où il venait de se placer. Un paysan indiqua un autre chemin, à deux lieues plus au nord, meilleur que celui qui venait de coûter si cher et qui menait à Coimbre par Avelans de Cina et Soardo.

Une reconnaissance y fut poussée; elle n'aperçut aucun ennemi. Wellington avait assigné la défense de ce poste au corps portugais de Trant; mais par un malentendu dont la cause est ignorée, il n'y était pas arrivé. Masséna prit ce chemin sans hésiter; ce mouvement de flanc, exécuté en quelque sorte entre l'armée anglaise et la mer, était audacieux: Wellington pouvait l'assaillir en queue, en descendant des hauteurs de Busaco. Satisfait d'une

[1] Lieutenant-général *Vane*. Ouvrage cité, II. 120.

victoire passive et sans résultat, il préféra regagner son camp retranché, certain que plus les Français s'engageraient dans le pays, plus il aurait de chances de les entamer sérieussment.

L'armée française le suivit à Coimbre. Ici comme à Vizeu elle ne trouva pas un habitant. Ces deux villes riches et florissantes étaient désertes et abandonnées, ainsi que toute la contrée. Leurs malheureux habitants, sous peine de mort par ordre des généraux anglais, de la régence du gouvernement et d'un clergé exaspéré, étaient obligés de s'enfuir. Les proclamations de Wellington des 2 et 4 août qui ordonnent cette mesure sont un monument historique de cette cruelle guerre.

Les préceptes donnés par Lloyd pour la défense de l'Angleterre étaient appliqués ainsi à une contrée en elle-même déjà montagneuse, difficile et peu abondante en grains. De cette façon, Wellington avait transformé tout le pays de Celorico à Lisbonne en un vaste et artificiel désert. Heureusement pour l'armée de Masséna que cet ordre rigoureux n'avait pu s'exécuter à la lettre ; les habitants avaient disparu avec une partie de leurs provisions, mais, faute de transports, ils s'étaient contentés d'enfouir le reste : les soldats français, adroits à les découvrir, en déterrèrent une partie, et cette ressource, quoique insuffisante pour une armée si considérable, la mit à même de subsister du moins quelques semaines.

Par une bizarrerie dont on chercherait vainement un exemple dans les autres guerres du continent, Masséna n'apprit qu'à Leyria l'existence des fameuses lignes devant lesquelles il alla heurter, le 10 octobre, et auxquelles, comme on l'a déjà dit, Wellington faisait travailler depuis dix mois.

Deux lignes de redoutes, la plupart fermées à la gorge et palissadées, présentant 87 ouvrages armés de 290 pièces de gros calibre, offraient une des positions les plus formidables dont les annales modernes fassent mention ; une troisième ligne, servant de réduit, était disposée pour protéger le rembarquement, si les deux autres venaient à être forcées. Réfugié dans ce redoutable asile, appuyé à la mer (qui pour les Anglais, mais pour eux seuls, est toujours une bonne base), sûr de ses approvisionnements, il pouvait braver toutes les entreprises hostiles.

Pas plus que Napoléon, Masséna n'aimait le mot de retraite, et d'autre part il n'osa pas risquer une attaque, car elle eût été trop hasardeuse. Des bandes ennemies étaient entrées à Coimbre, sur les derrières de l'armée françaises et y avaient enlevé 4 mille blessés ou malades. L'effectif était réduit à 40 mille combattants, et l'ennemi en avait plus de 60 mille. Masséna, arrêté devant les lignes de Torrès-Vedras, envoya le général Foy à Paris pour réclamer de l'empereur des ordres nouveaux et des renforts. En attendant, il espéra fatiguer son adversaire à force de persévérance. C'était un mauvais calcul, mais il n'y en avait pas d'autre à faire. L'armée anglaise ayant 200 voiles à sa disposition, se trouvait toujours dans l'abondance : elle passa cinq mois dans ce camp à s'aguerrir, à s'instruire et à terminer ses retranchements. Les milices portugaises rivalisèrent bientôt avec ses soldats : l'armée en sortit plus redoutable que jamais.

Masséna, au contraire, abîmait ses troupes pour les faire vivre ; elles étaient disséminées en colonnes mobiles qui guerroyaient contre les habitants et contre les partisans portugais. Elles ravageaient le pays même par où elles devaient effectuer incessamment leur retraite ; les maladies, les combats journaliers, les assassinats les diminuaient, tandis que les obstacles croissaient à mesure. La situation était telle, en un mot, qu'il fallait emporter d'assaut le camp ennemi, ou songer à une retraite pénible.

Instruit de ces circonstances par le général Foy, Napoléon conseilla à Masséna d'attaquer, pour peu que la chose fût praticable ; en cas contraire, de tenir l'ennemi confiné dans ses lignes. Il promit de lui envoyer le corps de Drouet, qui venait d'entrer en Espagne, lui fit espérer d'être secondé par Soult, qui opérait sur la Guadiana ; et comme il ne pouvait, à 500 lieues du théâtre des opérations, donner d'ordre bien positif, il laissait, en somme, carte blanche à Masséna.

Dans l'intervalle, la position se hérissa de nouvelles batteries ; Wellington fut renforcé de 15 mille hommes, tant Anglais qu'Espagnols ; les ouvrages furent achevés.

Pour opérer offensivement contre Lisbonne, un seul moyen existait encore : c'était de jeter un pont à Santarem, de le couvrir d'une forte tête, d'attirer Soult de Badajoz sur Sétuval, et de bombarder Lisbonne des hauteurs de la rive gauche. Il eût fallu pour cela non-seulement beaucoup d'ensemble et d'activité, mais encore des moyens que les troupes françaises n'avaient pas. Masséna fortifia Punhete vers l'embouchure du Zezère, et s'appliqua à faire construire des bateaux pour se procurer un bon équipage de ponts et les moyens de manœuvrer au besoin sur les deux rives du Tage. Grâce aux pontonniers, aux sapeurs et au bataillon de marins qu'il avait avec lui, il parvint, à force de soins, à suppléer à ce qui lui manquait pour ce travail, qui fut achevé en six semaines, à la grande satisfaction du général en chef. Toutefois, ces équipages de ponts, qui avaient coûté tant de soins, devinrent inutiles par l'évènement, car Soult ne se présenta pas sur le Tage et Masséna ne crut pas devoir risquer un passage si périlleux en présence des troupes de Hill et de La Romana.

Il est constant que si Soult eût soumis Badajoz au moment où Masséna prenait Almeida, et que les deux armées se fussent avancées de concert sur Lisbonne par les deux rives du Tage, l'invasion eût eu plus de probablités en sa faveur ; mais Badajoz n'étant pas soumis, Masséna n'ayant encore aucun équipage de ponts, Soult étant dans l'impossibilité d'en conduire un, l'ennemi pouvant, au contraire, agir à volonté sur les deux rives du Tage, il n'est pas prouvé que le succès de l'opération eût été infaillible, et que Soult eût entièrement atteint son but. Toutefois, comme Wellington n'aurait pu se porter contre lui sans dégarnir Lisbonne, et sans fournir ainsi aux assiégeants une occasion favorable pour l'attaque des lignes de Torres-Vedras, la marche de Soult en Alemtejo eût été une diversion favorable, lors même qu'elle n'eût point décidé l'évacuation de Lisbonne, comme on l'a prétendu. En effet, il ne suffisait pas de quelques batteries de mortiers établies sur les hauteurs d'Almada pour faire tomber cette capitale couverte par d'innombrables canonnières, par des vaisseaux embossés, et un bras de mer de 1500 toises. Un bombardement, contrarié par de tels obstacles, eût bien pu causer quelques dégâts dans Lisbonne, mais non pas décider Wellington à quitter son formidable camp, situé à quatre lieues de la ville, et hors d'atteinte de la rive gauche du Tage.

Jamais l'histoire moderne n'avait offert l'exemple d'une armée dans une position pareille à celle de Masséna. Lancée à 200 lieues des frontières, au milieu de deux nations belliqueuses et insurgées, privée de tout moyen maritime et de toute réquisition légale dans un pays déserté par ses habitants, elle devait, comme une horde nomade, dévorer la subsistance de l'arrondissement où elle campait, puis le quitter aussitôt pour aller en ravager un autre quartier. Du moins, dans les guerres précédentes, une armée trouvait-elle en pays ennemi ou une population docile, ou des spéculateurs indifférents à la lutte qui lui procuraient des vivres au poids de l'or. Le commerce, avide de gros bénéfices, se hâtait de se couvrir d'un pavillon neutre pour aller porter les grains et les articles les plus nécessaires à la vie partout où les chances de la pénurie lui assuraient un lucre certain. Mais dans cette lutte espagnole, sur 800 lieues de côtes, pas un caboteur neutre ne venait au secours des Français, tant la prépondérance maritime des Anglais était devenue omnipotente, et tant leur législation arbitraire sur les neutres avait détruit les droits les plus précieux de la liberté maritime.

Après avoir séjourné un mois près d'Alenquer, en face des lignes, Masséna résolut, au milieu de novembre, de se rapprocher de Santarem pour faciliter l'approvisionnement de son armée qu'il tirait de la vallée de Zezère : de là, il était plus à portée de favoriser la jonction de Drouet, qui devait venir par Celorico ou Castel-Franco. Cette jonction ne s'effectua que le 26 décembre, vers Leyria. Wellington, renforcé de son côté par La Romana, avait alors poussé jusqu'à Cartaxo, et les deux armées s'enterraient à l'envi sous des retranchements.

C'était certes une grande contrariété pour les Français que la force de cette position les empêchât d'expulser les Anglais de la Péninsule par un coup de vigueur ; toutefois, cette situation n'offrait pas tant de combinaisons qu'il ne fût facile d'adopter la plus convenable. On dira que la presque impossibilité d'un assaut reconnue, il fallait confiner Wellington dans son réduit et l'y tenir en charte privée par un demi-blocus, ou bien décamper pour l'attirer dans l'intérieur de l'Espagne. Mais il existe sur les frontières du Portugal plusieurs positions presque aussi fortes que celles de Torres-Vedras ; en se retirant, Masséna facilitait ses adversaires, leur sphère d'activité pourrait s'étendre depuis l'Ebre jusqu'au Guadalquivir. Il aurait fallu des forces plus considérables pour tenir Wellington en respect derrière l'Agueda que pour observer ses lignes : il aurait toujours eu la faculté de battre la campagne avec avantage contre des troupes forcées de s'étendre pour couvrir l'espace immense de Salamanque à Cadix, qu'il menacerait partout, en sortant du Portugal comme d'un camp retranché pour opérer alternativement sur sa droite ou sa gauche. Si on le battait, il aurait toujours été se blottir dans son refuge de Torres-Vedras, et c'eût été là qu'il aurait fallu venir le forcer. Puisqu'on l'y bloquait, il fallait donc rester au blocus. Cinquante mille Français tenant l'armée anglo-portugaise renfermée dans son camp démontrait son impuissance pour délivrer la Péninsule : c'était comme si cette armée n'eût pas existé ; mais c'était 50 mille hommes de plus qu'il fallait pour réduire l'Espagne.

Ou bien encore aurait-il fallu que l'état-major français possédât le moyen d'approvisionner 60 mille hommes sur place dans ce pays dévasté et insurgé des alentours de Torres-Vedras ; Wellington ne serait pas sorti de son refuge, à moins qu'il ne se fût rembarqué pour aller porter ailleurs le théâtre de ses exploits.

Quoi qu'il en soit, Masséna, pour n'avoir pu attaquer les lignes anglaises dès le lendemain de son arrivée, dut se morfondre devant elles pendant 5 mois, et après avoir épuisé tout ce que la patience, la résignation et l'opiniâtreté pouvaient lui offrir de ressources, il voyait approcher le moment critique où il faudrait battre en retraite. Ses troupes n'avaient vécu jusque-là que par des prodiges d'industrie, d'activité et de bravoure individuelle ; mais elles avaient ravagé le pays à 50 lieues à la ronde : on ne trouvait plus la moindre ressource ; et les soldats, habitués à ce maraudage organisé, ne connaissaient plus le frein de la discipline. Ce système d'approvisionnements occupait la moitié de l'armée et Wellington n'eut pas même l'idée de la troubler un instant, quoique ses forces eussent été portées dans le courant de décembre à 40 mille Anglais par les renforts venus de Sicile, d'Angleterre, de Malte, et à 40 mille Portugais réglés, indépendamment des corps d'ordonnance qui battaient la campagne sur les derrières des Français. A la vérité, il n'avait pas été lui-même sans inquiétude pour ses propres approvisionnements; si ceux de son armée étaient assurés, la nombreuse population de Lisbonne, doublée par les émigrations de la campagne et privée des ressources du pays, souffrait beaucoup de la disette, ne pouvant s'alimenter que par mer. L'Angleterre fut obligée d'y pourvoir à grands frais, et n'y parvint qu'à force d'argent et d'activité.

L'encombrement des réfugiés derrière les lignes de Torres-Vedras était si considérable qu'une épidémie horrible s'y manifesta durant l'hiver et enleva, à ce qu'on assure, plus de 100 mille individus, résultat déplorable de la rigueur avec laquelle le général anglais avait ordonné l'abandon du pays.

Le double motif de seconder Masséna par la rive gauche du Tage et de délivrer les armées du Portugal et d'Andalousie du voisinage importun de Badajoz, avait porté l'empereur à recommander à Soult de tourner enfin son attention du côté de ce point central de la Guadiana; Soult y était trop intéressé lui-même pour ne pas réparer le temps précieux qu'on avait perdu, et différer encore à soumettre cette place.

Après avoir augmenté la réserve de tous les renforts possibles, il la dirigea avec le corps de Mortier sur Olivenza, laissant à Sébastiani le soin d'observer l'armée de Murcie ainsi que la place de Gibraltar et confiant à Victor la tâche plus pénible de continuer le blocus de Cadix, de surveiller Tarifa et de garder Séville.

Les corps de Ballesteros et de Mendizabal, trop faibles pour tenir tête aux 20 mille hommes que Soult conduisait contre eux, s'enfoncèrent dans les montagnes ; le dernier jeta imprudemment 4 mille hommes dans Olivenza, qui manquait de provisions. Soult brusqua l'attaque de cette place avec le faible attirail de siège qu'il possédait, et en moins de dix jours, la garnison mit bas les armes le 22 janvier. Tous les moyens arrivés dans les entrefaites de Séville furent à l'instant dirigés contre Badajoz.

Cette ville était alors, par sa position, la place d'armes la plus importante du théâtre de la guerre, le principal arsenal des Espagnols en Estramadure, et la base de toutes les entreprises des forces combinées au centre de la monarchie ; aussi renfermait-elle une garnison de 10 mille hommes sous les ordres du brave Manecho, déterminé à déjouer tous les efforts que les Français se disposaient à diriger contre lui. Mortier fut chargé de l'investir ; et on pressa avec une grande activité l'arrivée de l'énorme attirail indispensable pour en commencer le siège.

La Romana, qui avait rejoint Wellington sur le Tage, instruit des dangers qui menaçaient ses lieutenants sur la Guadiana, allait se mettre en marche pour les secourir, lorsqu'une apoplexie foudroyante l'enleva, à Cartaxo le 23 janvier. Mendizabal, nommé pour lui succéder, s'avança à la tête de 10 mille hommes pour délivrer Badajoz.

Dès lors, la position de Soult devint embarrassante. Tous ses convois de vivres et de munitions venant de Séville à travers le pays fourré et inhospitalier de la Sierra-d'Arroche, il se vit forcé de détacher du monde pour en protéger l'arrivée et éclairer ses flancs, ensorte qu'il ne lui restait pas 15 mille combattants pour former et couvrir le siège. Les Espagnols, enhardis par l'arrivée du secours qui porta leur nombre à plus de 20 mille hommes, attaquèrent dans une sortie générale les tranchées sur plusieurs points. Après quelques succès, ils furent bientôt forcés à rentrer dans la place. La crainte d'épuiser les magasins de la garnison et de se trouver peut-être investi s'il restait dans la ville, décida Mendizabal à en sortir, pour camper sur la rive droite de la Guadiana, derrière la Gebora, à 300 toises du fort San-Christoval. Aussitôt Soult conçut le projet audacieux de passer la Guadiana en deux colonnes dans la nuit du 19 février, d'écraser le flanc droit de l'ennemi, qui se liait au fort, et de faire déborder l'aile opposée par les 3 mille chevaux du général Latour-Maubourg. Un plein succès couronna ces dispositions, exécutées avec un ensemble malheureusement trop rare. La division Girard assaillit et enfonça la droite des Espagnols dans les lignes à moitié ruinées de de Berwick ; elle coupa ainsi toute retraite sur la tête de pont, tandis que Latour-Maubourg déborda la gauche et prit la ligne à revers. Mendizabal s'enfuit à Elvas avec mille hommes seulement ; autant jonchèrent le champ de bataille ; 8 mille environ déposèrent les armes.

Le gouverneur Manecho ne se laissa pas ébranler par ce désastre, et se prépara à imiter l'exemple de Saragosse et de Girone ; mais il fut tué quelques jours après sur le rempart d'où il dirigeait une sortie, et son successeur, manquant de vivres, ou moins déterminé que lui, capitula le 11 mars avec une garnison de 9 mille hommes.

Soult avait ainsi obtenu de grands succès, mais trop tard pour être utiles à l'expédition de Masséna, qui dut se mettre en retraite au moment même de la reddition de Badajoz. En fait, il n'eût pas été possible de faire autrement dans les circonstances qui s'étaient produites tant en Portugal qu'en Andalousie. Victor avait risqué de succomber devant Cadix aux prises contre un débarquement des généraux Graham, La Penna et Zayas, à Tarifa, lié à une offensive de la garnison de l'île de Léon, ce qui amena une vive échauffourée vers Chiclana, le 5 mars. Séville aussi avait été menacée et Soult dut s'y rendre en toute hâte pour raffermir la situation dans ces parages. Il y réussit, mais cela ne changeait pas la tournure des affaires en Portugal. La position de Masséna était devenue si critique qu'il avait dû se résigner à la retraite, et cela par la même route dévastée qu'il avait suivie pour l'invasion. Le corps de bataille et le matériel suivirent la grande route de Coimbre, et l'arrière-garde, sous Reynier, le chemin le plus direct d'Espinhal à Pontemurcella par le versant des montagnes d'Estrella. Ayant dû séjourner à Pombal et n'ayant pas osé forcer la ville de Coïmbre, Masséna s'étant rabattu par Miranda de Corvo, risqua d'être prévenu sur le Ceira et entamé sérieusement le 15 mars à Foz-d'Aronce. Seule la ferme contenance d'une brigade d'arrière-garde, dirigée par le maréchal Ney en personne, sauva l'armée d'une déroute totale. Ainsi serrée de près par l'ennemi et par des privations de tous genres, elle arriva enfin aux sources du Mondego, mais dans un état déplorable. Une fois à Celorico, Masséna résolut de se replier sur Guarda. Il espérait se maintenir dans cette position intermédiaire avec le concours des forces que le roi Joseph et Soult feraient agir entre le Tage et la Guadiana et pouvoir mieux garder ainsi ses communications avec Madrid et avec Séville. Mais ce projet n'était pas au goût des états-majors. Ney s'y refusa net, afin de ramener les troupes droit sur Almeida, où elles trouveraient plus aisément des vivres, un abri et le temps de se réorganiser. Irrité d'un tel refus, qui compromettait son autorité, le général en chef crut devoir faire un exemple de sévérité pour rétablir la subordination, et il renvoya le maréchal Ney de l'armée, en le remplaçant provisoirement par le divisionnaire Loison.

Dans sa nouvelle direction, l'armée de Masséna fut suivie de près par Wellington, et le corps de

Reynier, dut livrer un vif combat vers Sabugal le 3 avril, à la suite duquel le généralissime français se décida à regagner Ciudad-Rodrigo, autant pour éviter des engagements désavantageux que pour mettre un terme à la disette. L'armée fut ramenée ensuite, pour mieux remplir ce but, jusque sous Salamanque.

Le circuit fait en pure perte par cette retraite donnait doublement raison à Ney, quant au fond, sinon dans la forme blâmable de son refus, attendu que la position dans les montagnes de Guarda, où l'on manque de tout, n'eût pas été tenable. En outre l'ennemi put prévenir l'armée française sous Almeida et investir cette place. Le brave Brenier y commandait, mais pris à l'improviste, il manquait de vivres : il s'agissait de le ravitailler.

Masséna, qui avait retrouvé en Estramadure quelques renforts pour ses régiments et une belle division de cavalerie de la garde impériale, résolut enfin de s'avancer au secours d'Almeida, bien déterminé en apparence à agir vigoureusement. Wellington s'était placé en avant de la Coa, pour couvrir le siège. Cette rivière, assez considérable, a un lit encaissé par des hauteurs élevées et très accidentées ; adossé à un tel ravin, sa position, avantageuse par les difficultés qu'elle offrait sur son front, devait être funeste en cas de revers. Sa gauche, composée de deux divisions, s'était logée dans les ruines de la Conception qu'elle releva ; le centre, composé d'une seule division anglaise, tenait le plateau d'Almeida ; le gros, composé de trois fortes divisions, tenait le plateau de Fuente-de-Honoro. Un corps espagnol couvrait le flanc droit à Naval-de-Avar, à la naissance du ravin de Duas-Casas, où les hauteurs, moins élevées et moins roides, offrent un accès plus facile. Loison, brûlant de venger, à la tête du 6ᵉ corps, l'affront de la retraite, ordonna sans balancer l'attaque de l'ennemi (le 3 mai); se bornant à reconnaître la position du corps anglais qu'il avait en face, il fondit sur son front, comme s'il eût craint en manœuvrant qu'il ne lui échappât. En un mot, il prit le taureau par les cornes sans attendre les ordres du commandant en chef, comme Victor à Talavera.

Le 6ᵉ corps parvint à enlever la partie basse de Fuente-de-Honoro[1] ; mais trois divisions anglaises, formées derrière le village, sur un escarpement d'un accès difficile et protégées par 50 pièces de canon, déjouèrent tous les efforts tentés contre la partie supérieure. Comme à Busaco, les assaillants luttèrent en colonne serrée contre le gros des forces anglaises bien postées et ils subirent le feu de toute la ligne ennemie sans obtenir le moindre résultat.

Après avoir reconnu la position des alliés, Masséna prescrivit d'autres dispositions pour le lendemain ; il porta le 6ᵉ corps à gauche, pour tomber sur Naval-de-Avar et refouler la droite anglaise, de

---

[1] Fuente-de-Honoro, qui ne figure pas sur notre carte, est un peu au sud d'Almeida. — L.

concert avec la cavalerie de Montbrun et celle de la garde : tandis que le 9ᵉ corps attaquait Fuente-de-Honoro, et que le 2ᵉ, sous Reynier, contiendrait la gauche ennemie depuis Almeida jusqu'à la Conception.

Quoique ces dispositions péchassent par un excès de forces en observation, et en ce que le mouvement de flanc ordonné à la gauche devait être exécuté sous les yeux de l'ennemi, qui lui en opposa un semblable, elles furent néanmoins couronnées momentanément de succès.

Le 6ᵉ corps enleva Posabella, dispersa les flanqueurs ennemis et força le corps espagnol à une retraite excentrique ; Montbrun renversa la cavalerie anglo-portugaise et la poursuivit l'épée dans les reins, bien loin de la ligne. La 7ᵉ division anglaise du centre, qui avait marché parallèlement à la gauche française, voyant sa première brigade ramenée, tint ferme avec la seconde qui se signala par sa contenance. Il n'y avait plus qu'un effort à faire pour culbuter la gauche alliée sur le ravin de la Coa. Les soldats du 6ᵉ corps étaient les mêmes qui, trois ans auparavant, s'étaient précipités tête baissée dans Friedland, contre des adversaires plus nombreux et non moins redoutables. Une charge pareille à celle que Ney exécuta sur le corps de Bagration en 1807 eût perdu sans retour l'armée de Wellington. Mais Ney ne les commandait plus ; ils n'étaient plus exaltés par la présence du grand empereur. Au lieu de fondre sur l'ennemi à moitié battu, la gauche française s'arrête, les chefs hésitent : Masséna, qui est resté à son centre, manque au point décisif ; les Espagnols ont le temps de rejoindre la droite de Wellington par un détour ; la réserve anglaise vient soutenir cette aile, qui se forme en potence et présente un front d'airain au point où le plateau resserré forme un défilé qu'on ne peut aborder que de front. Alors le moment favorable s'échappe : Masséna, qui au lieu d'appuyer sa gauche, a fait de vains efforts pour enlever Fuente-de-Honoro au centre, accourt trop tard sur les lieux et se voit forcé de renoncer à son projet.

Quoique Masséna ait commis une faute réelle en ne prenant pas lui-même la direction de l'aile qui devait frapper le coup décisif, il faut reconnaître qu'il joua de malheur dans cette bataille : le général Loison, qui commandait le 6ᵉ corps, allait être remplacé par Marmont et rappelé à Paris ; il le savait et ne mit pas tout le zèle qu'il avait déployé en cent autres occasions. Le 9ᵉ corps, qui attaqua Fuente-de-Honoro, allait partir pour rejoindre l'armée d'Andalousie, à laquelle il appartenait ; la dispute avec Ney avait dépopularisé Masséna dans l'esprit des soldats ; il n'y eut ni ensemble ni enthousiasme dans les attaques.

Les pertes des Français, dans les deux journées des 3 et 5 mai, furent d'environ deux mille hommes hors de combat ; celles des alliés furent à peu près égales.

— 175 —

Décidé à regagner Salamanque, le prince d'Essling ne pouvait néanmoins se résoudre à sacrifier la valeureuse garnison d'Almeida. Quelques braves offrent de pénétrer dans la place ; l'un d'eux perce à travers la ligne des Anglais et des partisans espagnols, et, au milieu d'une grêle de balles, se jette dans les fossés. Il porte l'ordre à Brenier de tenter la fortune et de chercher à se frayer un passage.

Les préparatifs pour faire sauter la place étaient déjà terminés ; la garnison met le feu aux poudres qui doivent produire l'écroulement des remparts et s'élance à la faveur des ténèbres sur le point du camp de siège qui offre le moins d'obstacles. Placé entre les bayonnettes ennemies et un volcan prêt à l'ensevelir sous des décombres, Brenier prend si bien ses mesures qu'il culbute tout devant lui, arrive au pont de la Coa au moment où un corps d'armée s'avançait pour l'y recueillir. Il opère sa jonction aux acclamations de l'armée, qui n'osait se flatter de le revoir, et qui fut fière de ce glorieux fait d'armes.

En résumé, cette retraite du Portugal avait des suites fâcheuses ; mais il est incontestable qu'elle aurait pu en avoir de plus graves. Commencée deux jours plus tard, elle eût été entamée bien plus sérieusement par les attaques de Wellington avec toutes ses troupes réunies, et la perte d'une bataille au début de la marche eût causé la ruine entière de l'armée. Le plus grand mal qui en résulta fut la réaction qu'elle produisit sur l'esprit public des Espagnols : l'approche de Wellington ralluma partout le feu de l'insurrection. Les guérillas de Porlier, de Mina, de l'Empecinado, de Longa, etc., abîmèrent les troupes françaises par des alertes continuelles, enlevèrent ses convois les mieux escortés et répandirent l'effroi parmi les habitants des villes les plus disposées à se soumettre.

Tout était à recommencer, et tout recommença de plus belle, sous l'énergique impulsion de l'empereur, qui n'en était pas encore à s'alarmer des affaires d'Espagne, puisqu'il se lançait, à ce moment, dans la colossale complication de la campagne de Russie.

Mais cette tâche ne pouvait plus convenir à Masséna, décidément vieilli ; elle fut dévolue à Marmont, arrivé déjà le 7 mai à l'armée du Portugal, pour remplacer le maréchal Ney. Le nouveau généralissime prit son commandement immédiatement et fit rentrer l'armée, dès le 11 mai, dans ses divers cantonnements autour de Ciudad-Rodrigo.

Wellington, loin de chercher à l'y inquiéter, se reporta, dès le 15 mai, vers le sud, en vue de reprendre Badajoz. Il arriva le 19 mai à Elvas, région dans laquelle opéraient les forces anglo-portugaises du maréchal Beresford depuis la seconde quinzaine de mars. Elles y escarmouchaient contre le 5ᵉ corps commandé par Latour-Maubourg depuis le rappel en France du maréchal Mortier. Rallié par les troupes de Castanos et de Ballesteros, Beresford avait forcé Latour-Maubourg à se replier vers Séville jusqu'à Llerena, par Zafra, Uzagre, Fuente-de-Cantos ; il avait repris la place d'Olivenza et même investi Badajoz. Wellington, qui l'avait rejoint devant cette grande place en avril et donné des directions pour le siège, y accourait de nouveau. Mais Soult ne laisserait pas aux assiégeants toutes leur aises. Ayant réuni à Séville deux brigades tirées du corps de Sébastiani et de ses réserves, il rallia Latour-Maubourg à Fuente-de-Cantos le 13 mai et arriva devant Badajoz avec 22 mille hommes le 15 mai.

Bien que les premières reconnaissances eussent constaté la bonne contenance et les forces supérieures de ses adversaires, dans la solide position d'Albuera, Soult n'hésita pas à les attaquer. Il n'avait aucun secours à attendre, à moins de lever le blocus de Cadix, tandis que Beresford devait recevoir le renfort de Blake avec 10 mille hommes par la Basse-Guadiana.

Le motif était bon, mais le fait erroné. Le renfort de Blake venait d'atteindre Beresford. Ainsi Soult, dans son attaque du 16 mai, se trouva en présence de forces doubles des siennes. Il dut faire des efforts réitérés pour effectuer à moitié son plan, qui comportait une diversion à sa droite sur Albuera par la division Godinot, et une attaque principale contre la droite anglaise par le général Girard, à la tête du gros du 5ᵉ corps. Cette bonne combinaison fut promptement paralysée par les feux ennemis. Godinot fut retardé ; Girard au contraire devança un peu les temps. Les deux affaires, décousues dès l'entrée, le devinrent plus encore dans les reprises d'action qui suivirent le premier échec, et en quelques heures Soult perdit environ 7 mille hommes[1]. Il fut heureux de pouvoir regagner le soir à la débandade son terrain de la veille.

Dès le lendemain, la cavalerie alliée commença de le talonner, puis le rejeta sur son camp de Llerena, route de Séville, après lui avoir infligé d'autres graves pertes, notamment à Uzagre, dans une rude échauffourée de cavalerie.

Le premier résultat de la victoire que les alliés venaient de remporter, fut qu'ils reprirent avec une vigueur nouvelle l'investissement de Badajoz, qu'ils avaient sagement suspendu pour livrer la bataille d'Albuera. Sous la direction personnelle de Wellington, qui s'était fait suivre du gros de son armée du Portugal, en laissant le seul corps de Spencer en observation sur l'Agueda et la Coa, le siège fut entrepris en même temps que le blocus des deux rives; et la première parallèle put être démasquée le 2 juin.

Malgré la vigueur qu'y mirent les assiégeants, le siège ne marcha pas rapidement. La terre et le bois manquaient. Il fallait cheminer sur le roc et employer des sacs de laine comme gabions et saucissons. D'autre part, la garnison, sous l'intrépide

---

[1] Les alliés eurent 6547 hommes hors de combat, dont 4158 anglais. — L.

général Philippon, faisait une défense aussi vaillante qu'intelligente. Elle repoussa victorieusement plusieurs assauts, entr'autres un fort important, tenté contre le fort St-Christoval dans la nuit du 6 au 7 juin (1811).

Dans les entrefaites, les Français n'étaient pas restés inactifs. Saisissant ou prévenant même les ordres de Napoléon, ils avaient mis un terme à leur dissémination.

Le 9ᵉ corps d'armée, corps de marche sous Drouet, formé des quatrièmes bataillons de l'armée d'Andalousie, et qui avait été momentanément détourné à l'appui de Masséna, s'avança rapidement au sud ; il rejoignit le camp de Llerena le 6 juin. En outre, Marmont, après avoir ravitaillé Ciudad-Rodrigo et laissé une division en face du corps de Spencer, se porta par Placenzia sur le pont d'Almaraz, puis sur Merida, pour se relier à Soult, qui de son côté s'avançait à sa rencontre de Llerena sur Almendrelejos. La jonction des deux armées s'effectua le 17 juin.

Wellington ne fit rien pour s'y opposer, bien que ces circonstances lui eussent offert une belle occasion de renouveler les manœuvres avantageuses des lignes centrales, dont les victoires de Castiglione, de Rivoli, d'Austerlitz avaient donné de si frappants exemples.

Fortes alors d'environ 60 mille hommes, les armées de Soult et de Marmont se portèrent résolument contre l'ennemi, comptant venger la malheureuse journée d'Albuera sur le terrain même de l'action. Leur espoir fut déçu. Wellington, toujours soigneux de ne rien donner au hasard, leva le siège de Badajoz dans la nuit du 16 juin, après avoir échoué dans un autre assaut du côté de la citadelle. Il rentra en Portugal par Olivenza et Campo-Major.

Le sort de Badajoz étant de nouveau assuré, Soult et Marmont se séparèrent pour retourner à leur tâche antérieure. Soult se reporta au sud. Il avait à dégager Séville, puis Sébastiani à Grenade, puis Tarifa avec les environs du camp de St-Roch devant Gibraltar, et maints autres points de la région du sud, où, en son absence, les troupes de Blake et de Ballesteros avaient repris le dessus. Il y réussit en grande partie. Blake entr'autres, qui avait tenté vainement, grâce à la belle défense d'un bataillon suisse, d'enlever le poste de Niebla, couvrant le passage du Rio-Tinto et Séville, fut complètement battu un peu plus tard vers Grenade, et les choses d'Andalousie, y compris le blocus de Cadix par Victor, reprirent l'état antérieur aux opérations de la journée du 16 mai.

De son côté, Marmont était revenu de Badajoz vers Salamanque, où il s'apprêtait à secourir la place de Ciudad-Rodrigo, de nouveau menacée gravement par les Anglais. Wellington ayant rejoint, avec une partie de ses forces, son lieutenant Spencer vers l'Agueda, avait investi dès le 5 septembre cette clef des positions françaises de l'Estramadure, n'attendant que son parc de grosse artillerie, qui devait remonter le Douro, pour ouvrir le siège.

Pour contrecarrer cette opération, Marmont rappela à lui la division qu'il avait laissée vers Alcantara sur le Tage, en communication avec le 5e corps resté sur la Guadiana, et se concentra, vers Tamamès, le 22 septembre, avec l'armée du nord qui venait de passer aux ordres de Dorsenne, le maréchal Bessières ayant été rappelé en France pour l'armée de Russie.

Après cette concentration, Marmont s'avance au secours de Ciudad-Rodrigo. Mais Wellington, ici comme devant Badajoz, ne voulant rien brusquer, n'attendit pas le choc; il leva le blocus et se replia sur ses positions étudiées de Guinaldo, puis de Sabugal. Marmont l'y suivit non moins prudemment, sans essayer de livrer bataille, son premier but, la délivrance de Ciudad-Rodrigo, étant atteint.

D'ailleurs, l'attention devait se porter sur d'autres points.

La vallée du Tage ayant été dégarnie par Marmont, la droite des Anglais, sous le général Hill, en avait profité pour tomber sur les divisions du 5e corps, trop disséminées entre le Tage et la Guadiana, et la division Gérard, surprise à Aroyo de Molinos, avait risqué d'être capturée. Seulement, au prix de grands détours sur Merida, elle avait réussi à s'échapper, mais en laissant un millier d'hommes sur le terrain.

D'autre part, outre la lutte habituelle contre les

guérillas de la Biscaye, de la Navarre, de la Castille, de partout, des opérations importantes avaient eu lieu dans l'est sous Macdonald et Suchet, notamment sous ce dernier, qui avait obtenu de brillants succès. Pour les continuer, Marmont, à peine quitte des soucis de Ciudad-Rodrigo, dut détacher vers l'est, par ordre supérieur, une dizaine de mille hommes sous le général Montbrun.

Nous ne pouvons donner ici l'esquisse même très abrégée des évènements qui exigeaient un tel renfort dans la région spéciale des luttes de l'Aragon et de la Catalogne. Mais comme ce coin constamment séparé du théâtre de la Guerre d'Espagne se reliera bientôt au théâtre principal, il faut qu'on ait au moins la nomenclature des faits essentiels qui s'y produisiront. Ils furent surtout marqués par des sièges.

Revenu à Saragosse après la prise de Tortose, Suchet était en voie de s'entendre avec Macdonald pour procéder au siège de Tarragone, lorsque les Espagnols parvinrent à reprendre Figuières, moitié par surprise, moitié par trahison. Macdonald s'empresse d'aller investir cette place, nécessaire aux communications avec la France. Il devait en même temps tenir la campagne contre le général Campo-Verde. Sollicité de se joindre à l'investissement de Figuières, Suchet fait mine de s'y disposer, mais se jette au contraire sur Tarragone qu'il investit à l'improviste le 4 mai et assiège. Le 29 mai, un premier assaut lui procure le fort Olive, un deuxième le fort Francoli le 7 juin ; deux autres forts sont pris les 14 et 21 juin ; enfin, la place est enlevée le 28 juin, après un rude assaut suivi d'un meurtier combat de rues et du sac de la ville. Dix mille hommes sont faits prisonniers dans les rues.

Le brave gouverneur Couteras, blessé d'un coup de bayonnette, se rend avec tout son état-major ; 322 bouches à feu tombent aux mains des vainqueurs.

Sans perdre de temps, Suchet s'empara ensuite des forts d'Igualada, renforça Barcelone et soumit rapidement toute la Catalogne. A ces fruits naturels de la victoire de Tarragone se joignirent en outre, de la part de l'empereur, le bâton de maréchal avec le commandement supérieur de toute la région de l'Est, Macdonald étant appelé à l'armée de Russie.

Poursuivant ses avantages en vue d'atteindre enfin Valence, but de tant d'efforts déjoués, Suchet marcha sur la célèbre Sagonte. Ce rocher escarpé et fortifié barre la route de Valence et forme comme un ouvrage avancé de cette grande ville, qui avait été couverte de formidables retranchements et était alors aux ordres de Blake. Un siège régulier dut être entrepris contre Sagonte. Un premier assaut, le 18 octobre, échoua, et, 8 jours plus tard, une bataille dut être livrée à un corps de secours sous Blake, sorti du camp retranché de Valence. Grâce à l'énergique offensive du commandant en chef, la bataille fut gagnée brillamment par les Français, qui firent plus de 4 mille prisonniers. Le lendemain 26 octobre, Sagonte capitula avec 2500 hommes et 19 canons.

Ces opérations si heureuses ne s'étaient pas effectuées sans pertes du côté des vainqueurs. Il fallait pourvoir aux vides. Des renforts étaient annoncés, notamment deux divisions sous Reille et le corps de Montbrun de l'armée de Marmont. En les attendant, Suchet se borna à étendre son rayon d'action, sans rien entreprendre contre Valence.

Le 26 décembre, le corps du général Reille étant arrivé, Suchet attaque le camp de Blake en avant de Valence et refoule en désordre toute l'armée espagnole dans la place, à l'exception d'un corps qui s'échappe entre Albufera et la mer et qui fut poursuivi jusqu'à St-Philippe en laissant de nombreux prisonniers. Le siège et l'investissement commencèrent aussitôt, et le 9 janvier 1812 Blake, redoutant pour Valence le sort de Tarragone, se rendit avec 19 mille hommes, 21 drapeaux et 374 bouches à feu.

En somme, malgré la malheureuse retraite du Portugal, la campagne de 1811 ne se terminait pas trop mal pour les Français, et Napoléon ne doutait pas qu'il ne parvînt à la terminer à son plein gré, aussitôt qu'il en aurait fini avec sa nouvelle entreprise de Russie.

En attendant, il conféra au maréchal Suchet le titre de duc d'Albufera, et à sa brave armée une dotation de 200 millions de francs, récompense assurément bien gagnée.

CHAPITRE IX

Campagnes de 1812-1814. — Wellington s'étant emparé de Ciudad-Rodrigo et Badajoz, bat Marmont à Salamanque, prend Madrid et assiège Burgos. — Le roi Joseph, refoulé sur Valence, est rejoint par Soult et rentre à Madrid. — Wellington, replié sur Ciudad-Rodrigo, reprend l'offensive au printemps 1813, bat Joseph à Vittoria, et Soult à Toulouse. — Conclusion.

Après avoir détaché Montbrun vers Alicante et Valence — où il arriva d'ailleurs trop tard pour concourir à la prise de cette dernière place — Marmont, à l'approche de l'hiver, avait mis ses troupes en larges cantonnements jusque dans la vallée du Tage. Il pensait que son adversaire en ferait autant, à raison des intempéries de cette région de montagnes. Il se trompait. Wellington, ordinairement bien renseigné, profita au contraire de la circonstance pour franchir l'Agueda le 8 janvier et investir brusquement Ciudad-Rodrigo. Accélérant le siège, il enleva de vive force la place le 23 janvier 1812, tandis que Marmont, surpris dans ses paisibles cantonnements par l'événement, n'était pas encore arrivé à Salamanque.

Après quelques jours passés sur l'Agueda, Wellington fila par sa droite vers la Guadiana pour tenter la répétition de ce beau coup contre Badajoz. Même réussite. Un assaut général fut donné dans la nuit du 24 au 25 mars, et malgré une énergique défense de la garnison de Philippon, qui refoula deux fois l'attaque principale, la place fut escaladée par le côté opposé à la brèche et enlevée, mais au prix d'une perte considérable, environ 3600 hommes. Comme son collègue, Soult n'arriva au secours de Badajoz que le surlendemain de la reddition, et dut rétrograder en hâte sur Séville, menacée déjà par les Espagnols.

En vain Marmont chercha-t-il à reprendre Ciudad-Rodrigo et à essayer d'une revanche en Portugal vers Castel-Franco, en vue d'aller détruire le beau pont des Anglais à Villa-Ucha et ensuite agir sur les communications de Wellington. La retraite de Soult sur Séville le força de renoncer, pour le moment, à tous projets offensifs et à se rapprocher de ses dépôts. Les deux boulevards de l'Estramadure et de la Guadiana étaient irrémissiblement perdus pour les Français, et cela par des négligences inexcusables de la part des deux généralissimes chargés par l'empereur de veiller particulièrement à leur maintien.

Maître de ces deux places, Wellington avait beau jeu pour prendre à son tour l'offensive et déboucher du Portugal sur un point quelconque de la longue ligne d'opérations française. Le moment lui parut favorable au printemps de 1812, alors que les forces françaises du centre et de l'ouest étaient notablement réduites, ensuite des renforts envoyés soit à Suchet, soit à l'armée de Russie. En mai, Wellington s'ébranla des environs de Ciudad-Rodrigo dans la direction de Salamanque, après avoir fait détruire le pont d'Alvaraz et le fort de Mirvolès qui couvrait ce passage du Tage du côté de Truxillo, afin de couper les communications de Soult avec Marmont, et avoir organisé une diversion contre Suchet par un débarquement de 10 mille Anglais et 6 mille auxiliaires de Minorque sur la côte de Catalogne. A ce moment, le généralissime anglais disposait non-seulement d'une armée anglo-portugaise de plus de 75 mille hommes, secondée de 60 mille Espagnols, mais du commandement général de toutes les forces au nom des Cortès. Il était revêtu, en un mot, de toute la puissance militaire qu'il avait si longtemps réclamée, non par ambition personnelle, mais pour assurer l'unité stricte des mouvements militaires. Du côté des Français, les effectifs, malgré les réductions survenues, restaient encore fort respectables ; ils montaient à environ 130 mille hommes dans l'ouest et le sud, dont 45 mille à Soult en Andalousie, à peu près autant à Marmont vers Salamanque, 12 mille à Souham en Vieille-Castille, 10 mille à Joseph à Madrid et sur les rives du Tage ; le reste dispersé de droite et de gauche contre les éternels guérillas.

L'armée de l'Est était en dehors de ce compte, malheureusement, car elle eût été bien plus utile à Madrid que dans ses cheminements excentriques vers le sud, si brillants qu'ils fussent.

Les préparatifs de Wellington étant achevés, il franchit la Tormès le 17 juin en fortes masses qui investirent aussitôt Salamanque. Marmont s'approcha pour sauver la place et arriva en vue de l'ennemi le 20 juin, mais il dut constater qu'il n'était pas en forces suffisantes pour engager une affaire décisive ; il se replia sur le Douro entre Toro et Tordesillas pour attendre les renforts demandés au général Caffarelli en Castille et au roi Joseph. Il ne reçut que la division Bonnet, portant son effectif à environ 45 mille homme. Wellington, qui l'avait suivi, en avait 60 mille, stimulés par la prise des trois petits forts couvrant Salamanque, enlevés le 24 juin.

Après quelques manœuvres Marmont, décidé à l'offensive, se rabattit à gauche par Tordesillas, passa le Douro et se concentra le 22 juillet derrière le mamelon des Arapiles[1]. Il comptait chasser les Anglais de ces hauteurs, d'où il pourrait ensuite ou opérer avantageusement sur leur flanc droit s'ils restaient en position, ou inquiéter leur retraite s'ils l'effectuaient.

La division d'avant-garde, sous le général Maucune, eut l'ordre d'enlever ce poste, tâche que ce vaillant soldat exécuta avec audace. Malheureusement, après ce succès, il s'abandonna trop tôt et

---

[1] Les Arapiles, qui ne figurent pas sur notre carte, sont à peu près à moitié chemin entre Salamanque et Alba de Tomès. — L.

avec trop de vivacité dans la plaine, sans savoir s'il serait suivi. Marmont, accourant sur le mamelon conquis pour voir ce qui se passait, put se convaincre que ses adversaires, loin de se replier, disposaient tout pour assaillir la division en action, et il se préparait à la dégager en faisant attaquer la position du second mamelon devant le centre des lignes ennemies, à la faveur duquel Wellington organisait toute sa manœuvre, lorsqu'il eut le bras fracassé par un éclat d'obus. La bataille se trouva ainsi engagée dans une situation défavorable : le maréchal remit le commandement à Clausel ; mais toute l'expérience de ce brave général ne pouvait plus remédier à une affaire mal entamée. Maucune, séparé d'une demi-lieue du reste de la ligne, courait d'autant plus de dangers, que Wellington, certain qu'on en voulait à sa droite, venait de porter quatre divisions anglaises, une espagnole et toute sa cavalerie sur le point où les Français allaient diriger leurs coups.

Imitant l'exemple de Frédéric à Rosbach et de Napoléon à Austerlitz, il laissa prononcer la séparation de la gauche française, fit alors attaquer la hauteur des Arapiles par Beresford, puis dirigea par une marche oblique la moitié de son armée sur l'extrême gauche française, qui imaginait le déborder. Cette aile, prise elle-même de front et en flanc, fut culbutée sur le centre, qui évacua les Arapiles, d'abord en assez bon ordre, mais finalement entraînée dans la défaite de la gauche.

Foy, qui commandait la droite française, voulant se porter au secours du centre par un mouvement latéral, fut assailli à son tour par les réserves et la gauche de l'ennemi et eut assez à faire de couvrir la retraite ; ce qu'il exécuta avec fermeté, mais non sans peine.

Cette défaite de Salamanque mit 8 à 9 mille soldats français hors de combat, et eut des suites d'autant plus fatales qu'elles détruisirent l'espoir fondé d'un arrangement prochain avec les Cortès, et remirent en question la pacification de la Péninsule. Une autre circonstance poignante, c'est que le roi, s'étant ravisé, s'était dirigé avec sa garde, ses réserves et une partie des troupes de Caffarelli, sur Ségovie, pour soutenir Marmont. C'était trop tard.

Séparé de l'armée du Portugal, qui se retirait à la débandade sur Valladolid et Burgos, suivie de près par Wellington, le roi se rabattit sur Madrid. Le généralissime allié en fit autant, après avoir occupé Valladolid le 30 juillet et fait suivre Clausel par deux divisions. Marchant avec son gros sur la capitale, il y entra triomphalement le 5 août sans opposition ; Joseph, avec l'armée du centre, s'était replié derrière le Tage, laissant ses impedimenta dans les fortifications du Retiro. Mais celles-ci ne tardèrent pas à être prises avec leurs immenses magasins et 180 bouches à feu.

L'effet moral de cette occupation de Madrid par les alliés fut immense ; mais au point de vue militaire Wellington eût mieux fait d'agir sans relâche contre les débris de l'armée du Portugal et de les rejeter jusqu'aux Pyrénées, ce qui eût été possible sous l'impulsion de la victoire de Salamanque. Le temps passé à Madrid avait permis à Clausel de se refaire, même de reprendre l'offensive et de s'avancer sur le Douro. Aussi Wellington, laissant le corps de Hill à Madrid, marcha de nouveau contre Burgos à la tête de quatre divisions anglo-portugaises et de l'armée de la Galice, et ne tarda pas à commencer le siège de cette place importante, centre de la principale ligne d'étapes et de tous les grands dépôts français.

Sa chute, qui semblait imminente, consacrerait les succès obtenus et aurait immédiatement d'immenses résultats.

Mais le dénouement n'était pas encore si proche. D'une part la place, aux mains du brave général Dubreton, restait surveillée par le général Souham (successeur de Clausel, malade de ses blessures), qui avait pris une position formidable sur les hauteurs de Briviesca, encaissant la rive gauche de l'Èbre. D'autre part, une grande résolution trop longtemps ajournée avait été prise quant aux affaires du sud.

Sur les ordre itératifs du roi, Soult s'était résigné à faire le sacrifice des travaux gigantesques que son armée élevait depuis deux ans autour de Cadix et à évacuer les belles provinces du sud. Le 25 août il prit la route de Grenade, rallia le corps d'Erlon à Huesca, s'aboucha à Almanza avec Suchet et le roi Joseph et prit la route de Madrid par Alicante et Aranjuez, sans être troublé dans cette retraite, comme c'eût été à craindre, par Ballesteros, son constant adversaire.

Dans ces circonstances et Souham, renforcé de deux divisions du général Caffarelli, s'étant avancé jusqu'à El-Olmo, Wellington dut renoncer à ses beaux projets. Après deux assauts infructueux contre la vaillante garnison du général Dubreton, il leva le siège de Burgos le 22 octobre et se replia derrière le Douro, puis sur Salamanque, talonné par les divisions Foy et Maucune. Tant au siège de Burgos qu'à cette retraite précipitée, Wellington avait perdu tout un mois et trois à quatre mille hommes; il avait aussi perdu Madrid, d'où Hill avait été chassé par les troupes de Joseph et de Soult, qui prirent immédiatement la direction de Salamanque pour rallier celles de Souham. Le 10 novembre, elles firent leur jonction sur la Tormès.

Cette concentration donnait une force d'environ 90 mille hommes. Avec cela, on osait s'avancer résolument contre l'ennemi. C'est ce qui se fit, sous les ordres supérieurs de Soult. Mais Wellington esquiva le danger et parvint à se retirer sans autre incident sur Ciudad-Rodrigo, d'où il était parti au mois de mai.

Cette campagne, quoique lente et compassée, fit certainement honneur à Wellington, qui avait obtenu en somme la délivrance de tout le midi de l'Espagne et un grand succès moral par la capture de Madrid et par l'ascendant pris sur les populations, ainsi que sur les maréchaux et généraux français. Le choix de sa direction stratégique sur le nord de la ligne d'opérations française était sage ; ses dispositions de combat fort habiles. Toutefois, ses 75 mille hommes, secondés de 10 millions de Portugais et d'Espagnols, pleins de ferveur pour leur cause et n'ayant jamais eu à combattre que des fractions des forces françaises, auraient pu réaliser de plus grandes choses. Avoir laissé à Clausel le temps de reformer l'armée battue à Salamanque n'est pas à l'abri de la critique.

Mais, comme nous l'avons dit plus haut, il pouvait attendre, et il savait qu'un puissant auxiliaire lui arrivait par les difficultés de plus en plus graves et par les revers qui commençaient à s'abattre de tous côtés sur l'Empire français.

En regard de la campagne gigantesque de Russie et de ses suites immédiates en Allemagne, la guerre d'Espagne n'était plus qu'affaire secondaire, soumise à tous les contrecoups des opérations principales.

Au printemps de 1813 Wellington reprit son offensive de l'année précédente, fort de 75 mille hommes bien reposés et de la situation générale de l'Europe et de l'Espagne de plus en plus défavorable à Napoléon, tandis que de nouvelles diminutions avaient frappé les effectifs français par les renforts envoyés d'Espagne sur l'Elbe.

Sans compter l'armée toujours séparée de Suchet montant à 40 mille hommes, Joseph disposait encore d'environ 90 mille hommes, formant quatre squelettes d'armées toujours désignées sous les noms pompeux d'armée du Portugal, aux ordres de Reille, d'armée du centre sous Drouet, d'armée du midi sous Gazan, du nord sous Clausel. Ces forces étaient étendues sur une longue et vicieuse ligne, du Douro par Madrid jusqu'au Tage vers Tolède, malheureuse obligation d'une armée qui veut à la fois soumettre un pays insurgé et faire face à des masses organisées. Le roi Joseph avait reçu le commandement en chef, Soult étant parti pour l'Allemagne, et avait rappelé auprès de lui le maréchal Jourdan.

Comme en 1812, Wellington décida de porter ses coups contre la droite française sur le Douro. Dans cette région, il avait l'avantage de pouvoir s'approvisionner par ce fleuve depuis Lisbonne et Oporto jusqu'à Miranda, près de Zamora. En outre, il se procura le concours de deux utiles démonstrations : une d'un corps espagnol s'avançant du sud sur le Tage et sur Madrid; l'autre, de l'armée de Galice et des Asturies devant arriver sur les revers de la droite française par Bilbao et Tolosa. C'était de la bonne stratégie. Un effort heureux sur la droite française lui assurait tout le terrain jusqu'aux Pyrénées.

Au milieu de mai, l'armée anglo-portugaise franchit le Douro vers Lamega et fondit sur Zamora, en vue de tourner ainsi tout le système de défense de Joseph qui tenait toujours Madrid.

Après cette première opération, pleinement réussie, le général concentra ses forces à Toro et continua sa marche vers Placenzia.

Pour cette fois, et il faut dire pour la dernière fois, Joseph dut renoncer à Madrid. Il rassembla ses forces sur sa droite, à Burgos, sage résolution qui faisait penser qu'il y suivrait en marchant immédiatement aux Anglais. Au contraire Joseph préféra demeurer sur la défensive : bientôt même les nouvelles démonstrations de l'ennemi sur sa droite le déterminèrent à se replier jusque dans les plaines de Vittoria, après avoir fait sauter le fort de Burgos.

Il eût été difficile de choisir un plus mauvais point pour y recevoir une bataille, ni de la livrer sous de plus fâcheux auspices que Joseph ne le fit. Chacun sait que la surface de l'Espagne est resserrée par le golfe de Biscaye, au point où elle se réunit à la frontière de France, qui forme comme une espèce de gorge entre St-Jean-Pied-de-Port et Bayonne. Une seule chaussée existe à l'ouest des Pyrénées ; c'est celle de Bayonne à Madrid ; un autre chemin, praticable au canon, va de Vittoria à Pampeluno : de là on revient, d'un côté, sur le col de Maya ; de l'autre, sur St-Jean-Pied-de-Port par la fameuse vallée de Roncevaux, illustrée sous Charlemagne.

Prendre une position à peu près parallèle à la

chaussée, c'était faciliter à l'ennemi les moyens de s'établir dans la même direction : où, par le moindre effort de la gauche contre la droite française, la route se trouverait nécessairement interceptée. Si l'on ajoute à cela que Vittoria, situé dans le fond d'un bassin, est entouré de hautes montagnes, et que cette ceinture dominante se trouvait précisément dans le prolongement de la gauche des Anglais et du côté où ils arrivaient, on peut juger combien un tel poste convenait peu à l'armée de Joseph. Il n'y avait pas à hésiter ; il fallait chercher l'ennemi et l'attaquer partout où on le trouverait, ou prendre bravement son parti en regagnant les Pyrénées. Le dernier était certes bien le plus sage; car un succès contre les Anglais, qui eût pu être décisif avant 1812, ne signifiait plus rien dans les circonstances désastreuses où l'empire allait se trouver.

La gauche de Joseph, sous Clausel, était restée à Logrono pour couvrir la route importante de Pampelune. Un corps volant fut porté à Bilbao, sous les ordres de Foy, pour couvrir le débouché de cette ville sur St-Sébastien. Ces deux détachements étaient un malheur inhérent à la position qu'on avait prise, et inséparable en général de toutes les positions défensives. Dans tout autre pays que l'Espagne, il eût été préférable de renoncer à la route de Bayonne pour se retirer parallèlement à l'Ebre, jusqu'auprès de Saragosse, afin de joindre Suchet et de tomber sur Wellington, quand il eût été à 150 lieues de ses vaisseaux et de ses dépôts : les gardes nationales du Midi et quelques bataillons de lignes eussent suffi pour surveiller la Bidassoa et garder la place de Bayonne : le général anglais n'eût pas osé pénétrer dans les Pyrénées, en laissant 100 mille Français derrière lui. Cette manœuvre avait obtenu l'assentiment des généraux les plus distingués de l'armée ; toutefois le roi et le maréchal Jourdan jugèrent que le défaut de grande route au centre des Pyrénées, depuis Bayonne jusqu'à Perpignan, et l'esprit qui animait les Catalans et les Aragonais, ne permettaient pas de suivre exclusivement la ligne stratégique. Mais alors il eût fallu se baser sur Bayonne, éviter une bataille, ou du moins la recevoir sur les hauteurs de Salinas. Jourdan en eut, dit-on, le projet : mais l'opinion des généraux repoussait l'idée de s'enfoncer dans les montagnes, sans tenter de disputer encore la possession de la Castille. On murmurait d'évacuer le pays depuis le Douro sans avoir tiré l'épée, et on s'aveugla au point de ne pas se débarrasser des *impedimenta* qui obstruaient l'armée. Le camp de Joseph ressemblait à celui de Darius ; il était encombré de tous les équipages et des familles des malheureux Espagnols qui avaient accepté des fonctions sous lui : le nombre en était grand. A la vérité une partie de ces bagages étaient partis la veille de la bataille pour Tolosa, sous l'escorte de la division Maucune de l'armée de Portugal, autre détachement fâcheux ; toutefois il en restait encore beaucoup plus que n'en permettait la situation des affaires.

Les alliés passèrent l'Ebre le 15 juin ; ils ne se présentèrent que le 21 devant le corps de bataille de Joseph, posté parallèlement à la Zadorra et à la route. On aurait eu le temps, pendant ces cinq jours, de prendre un parti convenable : on n'en fit rien.

La bataille qui devait décider sans retour du sort de la Péninsule se livra le 21 juin. Elle fut plus désastreuse que sanglante : la gauche et le centre du corps de bataille furent repliés sur Vittoria par les corps de Hill et de Beresford, qui, les ayant attaqués concentriquement vers Ariniz et le pont de Mamorio, pénétrèrent dans l'intervalle qui les séparait et les forcèrent ainsi à une retraite précipitée. L'aile droite, après avoir soutenu un combat vigoureux contre le général Graham à Gamarra-Major, près de la grande route de Bayonne, se laissa ébranler à la nouvelle de la perte de Vittoria. Une division anglaise, débordant la droite, parvint à gagner la chaussée avant les troupes françaises ; aussitôt l'alarme se répand dans toute la ligne, et chacun s'empresse de prendre en désordre le chemin de Pampelune, le seul qui restât pour atteindre les Pyrénées. La colonne entière d'équipages, encombrée autour de Vittoria, n'ayant aucune issue jalonnée pour gagner le chemin de Salvatierra, devint la proie du vainqueur : canons, bagages, caissons, tout en un mot fut abandonné, et Joseph arriva à Bayonne en aussi mauvais état que Napoléon à la Bérésina. Le désordre le plus scandaleux avait flétri les lauriers de l'armée d'Espagne, sans autre motif qu'une terreur panique, à peu près pareille à celle des Autrichiens à Marengo.

Le général Clausel, posté à Logrono, ne pouvant plus trouver d'issue sur Pampelune par la promptitude de cette fuite, crut prudent de se jeter sur Jacca, d'où il gagna Pau. Foy, qui s'était avancé en Biscaye dans la direction de Mondragon, faillit tomber entre les mains de Graham, secondé d'une forte division espagnole. Il n'eut que le temps de prescrire l'évacuation de la Biscaye et de se rabattre sur Tolosa, où il entra presque en même temps que cette colonne anglaise. Ce fut un bonheur, car il faut se rappeler que l'ennemi ayant atteint avant Joseph la route de Mondragon, aucunes troupes, capables de résister, n'avaient pris ce chemin ; et quelques heures plus tard, Graham, entré à Tolosa, eût pu couper 7 à 8 mille hommes de la Bidassoa et les forcer à se rendre. On en fut quitte à Vittoria pour le matériel, un millier de prisonniers, et 6 mille hommes hors de combat ; tandis que si Joseph eût été rejeté vers la mer, c'en était fait de l'armée. La faute, il faut le répéter, fut de n'avoir pas pris l'offensive, ou du moins la position défensive de Salinas, puisqu'on ne voulait pas franchement regagner la frontière de France, ni porter le théâtre de la guerre en Aragon et en Catalogne.

A la nouvelle de ce désastre, Napoléon regretta de n'avoir pas pris son parti d'évacuer l'Espagne dès son retour de Moscou. S'il avait alors renvoyé Ferdinand dans son pays et ordonné la retraite sur les Pyrénées, les Espagnols n'eussent pas poursuivi et Wellington, réduit à ses forces anglo-portugaises, n'eût pas songé à envahir la France. Le théâtre de son activité eût été sans doute transporté en Hollande ou ailleurs ; l'Angleterre avait une armée aguerrie et un second Marlborough. Napoléon était à ce moment vulnérable partout; mais c'eût été un grand point de gagné que de pouvoir rallier à lui 100 mille de ces vétérans derrière le Rhin. En admettant même que Wellington fût demeuré dans les Pyrénées, cela n'eût pas empêché l'empereur de disposer d'une bonne partie de son armée d'Espagne, s'il s'y était pris à temps pour neutraliser les Espagnols.

Dans l'est, la fortune avait été moins contraire aux Français. Le général Maitland, chargé par Wellington de la diversion dont il a été parlé plus haut, n'y avait pas mis la vigueur voulue et avait été remplacé par l'habile général Murray, qui s'établit à Alicante, puis prit position à Castalla. Suchet s'étant avancé contre lui, cela donna lieu à une série de rudes combats autour d'Alicante, plus à une expédition près de Tarragone dont les diverses péripéties restèrent en somme à l'honneur des Français. Dans les entrefaites, Suchet reçut à Valence la nouvelle de la défaite de Vittoria, avec l'ordre de replier sur Barcelone toutes ses forces, moins les garnisons des places, ce qu'il fit dès le 5 juillet en laissant à Denia, à Peniscola, à Sagonte, à Tortose, à Lerida, à Mequinenza, à Monzon, une vingtaine de mille hommes qui auraient été fort utiles en Champagne ou sur le Rhône, et en ne faisant sauter que les fortifications de Tarragone.

Ayant rallié Decaen, l'armée de Suchet, après quelques combats dans la région de Tarragone et de Barcelone contre le général Bentinck, prit de paisibles cantonnements entre le Llobregat et Barcelone, où tout l'hiver se passa sans autre trouble que les tristes nouvelles qui lui arrivaient d'Allemagne et de France.

Sur les Pyrénées, Soult, qui était revenu prendre le commandement en chef, tandis que Joseph avait été rappelé à Paris, défendit les passages sur Bayonne en attaquant les Anglais autour de Pampelune et de St-Sébastien ; il ne put empêcher la chute de ces places, mais il contribua à la faire payer cher aux alliés, qui, tant dans les sièges que dans les combats, perdirent plus de 15 mille hommes.

En septembre, Soult repassa la Bidassoa et se concentra derrière la Nivelle. Mais à ce moment les évènements des bords de l'Elbe venaient trancher les destinées de l'Espagne. Soult dut envoyer en France deux divisions, Suchet autant, pour la fin de la campagne de 1813, tandis que les effectifs des Anglais et des Espagnols s'accroissaient journellement, tant de nombre que d'ardeur, par l'effet des revers de leur grand adversaire. Le roi Ferdinand, en vertu d'un traité signé à Valençay le 11 décembre 1813, put rentrer en Espagne et y rentra effectivement le 20 mars par Perpignan. C'était trop tard. Il ne pouvait plus contrebalancer l'impulsion donnée par Wellington, qui, fort de l'arrivée du duc d'Angoulême à son quartier-général, reprit l'offensive dès le milieu de février 1814 et envahit la Gascogne, poussant un détachemsnt, sous Beresford, jusqu'à Bordeaux.

Soult contesta quelques points favorables, mais ses 50 mille hommes étaient insuffisants contre l'armée adverse à peu près du double. Se repliant parallèlement aux Pyrénées, ce qui était fort sage, il livra bataille à Orthès le 27 février, puis à Toulouse le 10 avril, mais inutilement à tous égards, surtout à cette deanière action, car depuis six jours déjà Napoléon avait abdiqué, et même des victoires eussent été sans fruits.

Telle fut en résumé cette déplorable guerre d'Espagne, qui, entreprise pour fermer aux Anglais les côtes de la Péninsule, aboutit à les amener triomphalement au cœur de la France.

En Espagne, comme sur d'autres points, le génie sublime du grand conquérant finit par rester le vaincu de la froide et tenace Angleterre.

CONCLUSION

Après les appréciations des opérations espagnoles faites soit par Napoléon, soit par Jomini et rapportées dans le cours des pages ci-dessus, nous n'avons qu'à recommander simplement leur teneur à l'attention des lecteurs studieux, en renvoyant ceux qui désireraient plus de détails à la correspondance de Napoléon avec son ministre de la guerre Clarke et avec le roi Joseph. Ils y trouveront, sous forme d'ordres ou de remontrances, la substance d'un code précieux d'art de la guerre.

Nous nous permettrons toutefois, comme officier suisse, une remarque spéciale : c'est que les miliciens espagnols, comme maints soldats-citoyens ou gardes nationaux d'autres guerres, témoignèrent d'aptitudes militaires fort diverses, suivant les circonstances. Toujours braves, dévoués, persévérants, ils firent preuve, étant bien encadrés et surtout derrière des fortifications commandées par d'énergiques et habiles ingénieurs, nombreux en Espagne, d'une force de résistance égale à celle des meilleures armées permanentes, tandis qu'en rase campagne et livrés à leurs seuls officiers, si patriotes et si ardents qu'ils fussent, ils tinrent rarement devant des troupes réglées.

Puissent nos 480 mille soldats-citoyens suisses s'inspirer de la virile bravoure espagnole, si jamais de transcendantes combinaisons stratégiques européennes tentaient de disposer de notre territoire !

APPENDICE

I. La convention de Lugo.

Aux renseignements donnés à notre page 70 sur cette convention, il n'est pas hors de propos d'ajouter ceux fournis, à cette occasion, par M. Thiers dans le livre XI de son *Histoire du Consulat et de l'Empire:*

« Le maréchal Soult toutefois, pour répondre aux désirs et aux bons procédés de son compagnon d'armes (Ney), convint avec lui, par une stipulation écrite, qu'ils feraient une expédition en Galice, pour y détruire les deux rassemblements des insurgés, après quoi le maréchal Soult se séparerait du maréchal Ney, pour se porter sur la Vieille-Castille par Puebla de Sanabria et Zamora. Ils convinrent que le maréchal Soult, qui était à Lugo, descendrait par la vallé du Minho sur Montforte de Lemos, Orense et Ribadavia, jusqu'à ce qu'il eût joint et détruit le marquis de La Romana; que le maréchal Ney, protégé sur son flanc gauche par ce mouvement, ferait évacuer Saint-Jacques-de-Compostelle, et se porterait ensuite sur le littoral pour y attaquer les redoutables ouvrages élevés à Vigo par les Anglais et les Espagnols. Le maréchal Soult ayant par la destruction du marquis de La Romana rendu praticable l'opération très ardue que le maréchal Ney devait essayer sur Vigo, pourrait alors remonter par le val d'Orcs sur Puebla.

de Sanabria et Zamora. Les deux maréchaux, après avoir signé ces arangements à Lugo le 29 mai, se séparèrent pour commencer le plus tôt possible les opérations qu'ils avaient résolues.

» Le maréchal Soult quitta Lugo le 2 juin, après avoir fait tous ses préparatifs pour une marche vers Zamora, et s'avança sur Montforte, d'où le marquis de La Romana s'enfuit en descendant sur Orense. Arrivé le 5 à Montforte, le maréchal Soult s'arrêta, et au lieu de continuer à descendre la vallée du Minho jusqu'à Orense, comme il en était convenu avec le maréchal Ney, il dirigea ses reconnaissances sur le cours supérieur du Sil, l'un des affluents du Minho, vers Puebla de Sanabria et Zamora. Ce n'était point là le chemin d'Orense. Toutefois il séjourna à Montforte dans une sorte d'immobilité.

» Le maréchal Ney, parti de son côté des environs de la Corogne avec 18 bataillons, se porta sur Saint-Jacques-de-Compostelle, que les insurgés évacuèrent à son approche...

» Arrivé près de Vigo, il rencontra une position que la nature et l'art avaient rendue formidable...

» Aussi le maréchal Ney, qui savait le maréchal Soult à Montforte, et le général La Romana à Orense, attendait-il un mouvement du premier contre le second, avant de commencer sa périlleuse entreprise. Il attendit ainsi jusqu'au 10 l'accomplissement de la parole donnée, voulant avec raison que le rassemblement de La Romana fût dispersé avant d'attaquer Vigo.

» Mais sur ces entrefaites, il reçut du général Fournier, qu'il avait laissé à Lugo pour certains détails, un avis qui le remplit de défiance à l'égard de son collègue, et de circonspection à l'égard de l'ennemi, deux sentiments qui n'étaient pas ordinaires à son caractère confiant et téméraire. Le général Fournier était parvenu à lire dans les mains du général Rouyer, resté à Lugo pour y soigner les blessés et les malades de l'armée du Portugal, des instructions très secrètes, dans lesquelles le maréchal Soult lui enjoignait, dès que les blessés et les malades dont il avait la garde seraient en état de marcher, de les acheminer directement sur Zamora, et lui recommandait de tenir ces ordres cachés pour tout le monde, surtout pour le maréchal Ney[1]. En recevant avis de cette disposition, qui aurait été assez naturelle si elle avait été avouée, puisque Zamora était le but définitif du maréchal Soult, le maréchal Ney se crut trahi. Voyant de plus le maréchal Soult, au lieu de descendre sur Orense pour en chasser La Romana, s'arrêter à Montforte, il n'hésita plus à penser que son collègue lui manquait volontairement de parole. Avant d'en arriver à un éclat, il lui écrivit le 10 une lettre, dans laquelle il l'informait de sa situation fort périlleuse, lui disait qu'il comptait encore sur l'exécution du plan convenu, mais ajoutait que si, contre toute probabilité, ce plan était abandonné, il le priait de l'en prévenir, car un plus long séjour en face de Vigo, avec le débouché d'Orense ouvert sur ses flancs, serait infiniment dangereux.

» Après cette lettre, le maréchal Ney attendit quelques jours sans recevoir de réponse. Frappé de ce silence, voyant la position des Anglais devenir tous les jours plus forte à Vigo, craignant, s'il s'affaiblissait pour l'enlever, que les insurgés ne lui tombassent sur le corps tous à la fois, et que le retour vers la Corogne ne lui devînt difficile, il rétrograda sur Saint-Jacques-de-Compostelle, le cœur plein d'une irritation qu'il avait peine à contenir. Là il apprit que le

[1] Je rapporte ici le contenu d'un rapport du général Clarke, ministre de la guerre, à Napoléon.

maréchal Soult, loin de descendre le Minho, en avait au contraire remonté les affluents pour se rendre par Puebla de Sanabria sur Zamora. Ce maréchal, en effet, impatient de quitter la Galice pour la Vieille-Castille, après être demeuré jusqu'au 11 à Montforte, s'était mis en route pour franchir les chaînes qui séparent ces provinces. Le général La Romana voulant l'arrêter dans sa marche, il le repoussa, et crut ainsi avoir rempli ses engagements, ce qui n'était pas, car battre le général espagnol sur les affluents supérieurs du Minho, c'était le rejeter sur le cours inférieur de ce fleuve, c'est-à-dire le ramener à Orense, où justement il était convenu qu'on ne le laisserait point. Se croyant quitte envers son collègue, il prit la route de Zamora, sans faire aucune réponse à la lettre qu'il en avait reçue. Le maréchal Ney, considérant le silence observé son égard, la marche sur Zamora, et le secret recommandé au général Rouyer, comme les preuves d'une conduite déloyale envers lui, s'abandonna aux plus violents emportements... Le maréchal Ney, en prenant la résolution d'évacuer la Galice, n'avait de regret que pour la Corogne et le Ferrol...

» L'irritation du maréchal Ney avait passé dans ses soldats, au point que les aides de camp du ministre de la guerre, envoyés sur les lieux, déclarèrent à celui-ci qu'il y aurait péril à laisser les deux corps l'un auprès de l'autre. Les propos les plus outrageants étaient répandu à Astorga contre le maréchal Soult et son armée, qu'on accusait de tous les malheurs de la campagne... »

Les mémoires de Soult — depuis si longtemps attendus et qui n'en sont encore qu'aux trois premiers volumes allant jusqu'à l'an 1801 — éclaireront-ils le mystère qui plane encore sur la convention de Lugo ? Il faut l'espérer.

II. Organisation des guérillas.

Espagnols ! la junte suprême du royaume, qui a considéré et observé toujours avec douleur la conduite injuste et barbare des satellites de Bonaparte ; qui dès le principe pénétra ses sinistres projets, qui a juré de défendre la liberté de son roi et l'indépendance de la nation aux dépens même de son existence, et qui se voit obligée par des motifs aussi sacrés de repousser la force par la force et d'opposer l'intrigue à l'intrigue, sachant que dans toute espèce de combat, on devient le jouet de celui qui, contre tous les principes reçus, se prévaut des moyens que la société rejette, si l'on ne se présente à cet ennemi avec des armes égales ; après avoir mûrement réfléchi sur les faits et considérations qui viennent d'être exposés, a jugé convenable d'ordonner et de publier les mesures suivantes :

« Art. 1er. Tous les habitants des provinces, occupées par les troupes françaises, qui sont en état de porter les armes, sont autorisés à s'armer même avec des armes défendues, pour attaquer et dépouiller, toutes les fois que l'occasion s'en présentera, les soldats français, soit en particulier, soit en masse, s'emparer des vivres et effets qui leur sont destinés ; en un mot, leur faire tout le mal et causer tous les dommages possibles. Ces actions seront considérées comme des services rendus à la nation, et récompensées selon leur mérite et les conséquences qui en résulteront.

» Art. 2. Si, pour rendre ce service à la patrie, il se forme des détachements d'infanterie ou de cavalerie, les chefs qui seront choisis pour les commander seront récompensés par le gouvernement, pour la manière dont ils rempliront leurs devoirs dans un poste aussi utile que périlleux.

» Art. 3. Les généraux en chef des armées espagnoles récompenseront sur-le-champ les chefs de ces détachements ou de simples individus qui leur donneront des avis ou nouvelles importantes sur les marches des troupes françaises, leurs forces, leurs positions, leurs vues et leurs projets.

» Art. 4. Aussitôt que ces détachements se seront acquis des titres aux récompenses, soit par leurs actions, leur activité ou leur patriotisme, les généraux en chef en instruiront la junte suprême, afin de leur faire obtenir le prix de leurs services.

» Art. 5. Si, par malheur, les individus composant des détachements armés venaient à être surpris par l'ennemi ou tués en se battant pour la défense du roi et de la patrie, l'Etat assignera une pension aux veuves et enfants de ces individus.

» Art. 6. Les habitants, quelle que soit leur condition, qui occupent les provinces limitrophes ou pays voisins de ceux occupés par l'armée française, sont également autorisés à prendre les armes, pourvu qu'ils en aient obtenu la permission de leur justice respective, qui constatera de leur bonne conduite et leur remettra des passe-ports, pour qu'ils puissent se transporter sans être inquiétés dans les lieux où se trouvera l'ennemi.

» Art. 7. Aussitôt que les détachements armés sortiront de leurs villages respectifs, les autorités en informeront les juntes provinciales, ainsi que de leur nombre et de leur direction, afin que ces juntes en rendent compte à la junte suprême du royaume.

» Art. 8. Si quelque riche propriétaire des provinces non occupées par les troupes françaises, excité par son amour pour la religion et pour la patrie, voulait la servir dans ce genre de guerre en levant à ses frais ou en société un de ces détachements ou compagnies, composées de gens de toute confiance, il devra s'adresser à la junte de sa province pour obtenir la permission qui lui sera accordée par la même junte, qui lui délivrera en outre une autorisation spéciale pour que ce détachement puisse se rendre sans obstacle dans tous les lieux où le bien du service l'exigera, en ayant toujours soin de prendre les ordres du gouvernement et du général en chef.

» Art. 9. Le butin dont ces détachements s'empareront leur appartiendra, et sera réparti selon les mesures arrêtées pour tous ceux qui en font partie, ce genre de guerre devant être assimilé à celui que les corsaires font sur mer. La suprême junte, désirant que ces bénéfices soient les plus considérables possibles, enjoint en même temps aux intendants des armées et des provinces que les vivres et autres effets apportés par ces compagnies leur soient immédiatement payés, selon leur valeur.

» Art. 10. D'après ces avantages les détachements nationaux devront s'appliquer soigneusement à intercepter les vivres et autres objets destinés pour les troupes françaises, provenant ou non des réquisitions frappées, s'en emparer, dussent-ils attaquer et massacrer les soldats qui les escortent.

» Art. 11. Ils s'occuperont également d'intercepter les courriers de l'ennemi; toutes les lettres timbrées en leur pouvoir leur seront payées à raison d'un demi-réal, et celles qui seront de quelque importance, quatre réaux, sans préjudice de la gratification extraordinaire qui leur sera accordée par le général en chef, auquel toutes les lettres et paquets devront être remis. Cette gratification sera proportionnée à l'action et à l'importance des dépêches.

» Art. 12. Les voitures, chevaux, habits ou toute autre espèce d'offets provenant des Français, feront aussi partie de ces prises ; mais on n'y devra pas comprendre les effets appartenant aux Espagnols, parce qu'il faut croire que la force seule a pu les contraindre à s'employer au service des Français.

» Art. 13. Les autorités des villes et villages occupés par les troupes françaises prendront les plus grandes précautions pour donner aux chefs des détachements les nouvelles et renseignements qu'ils pourront avoir sur la situation et la force de l'ennemi, leur désigner les endroits où il se procure des vivres, les chemins par lesquels il les fait transporter, et, enfin, tous les moyens qu'il emploie pour s'en pourvoir.

» Art. 14. Ces mêmes autorités sont également obligées de fournir aux chefs de ces partis (guérillas) les vivres et secours dont ils pourront avoir besoin, moyennant un juste prix, et toujours avec les plus grandes précautions.

» Art. 15. Les autorités qui ne rempliront aucuns des dispositions renfermées dans les deux précédents articles seront punies selon l'importance et la gravité de leurs délits.

» Art. 16. Les justices et municipalités seront dès à présent solidairement responsables pour le remboursement des vivres ou autres objets qui seront fournis pour les troupes françaises, à moins d'y être contraintes par la force armée.

» Art. 17. Les mêmes peines seront infligées aux justices et municipalités qui ne feront pas retirer les armes et chevaux qui, à l'approche des forces supérieures de l'ennemi, pourraient tomber en son pouvoir, ainsi qu'aux autorités qui ne soustrairont pas, pour les conduire ensuite au quartier général, les fusils ou autres objets de guerre qui seront abandonnés par les troupes.

» Art. 18. Pour que ces dispositions parviennent à la connaissance de tous, et que chacun s'y conforme en ce qui le concerne, elles seront publiées et répandues par tous les moyens établis, et par tous ceux qui seront jugés convenables.

» Au château royal de Séville, le 17 avril 1809.

» *Par approbation de la junte suprême du gouvernement du royaume,*

» MARTIN-DE-GARAY. »

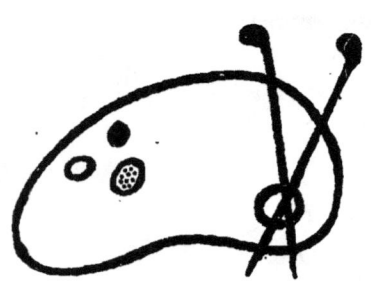

Original en couleur
NF Z 43-120-8

PLANCHE (S) EN .2
PRISES DE VUE

ESPAGNE et PORTUGAL.

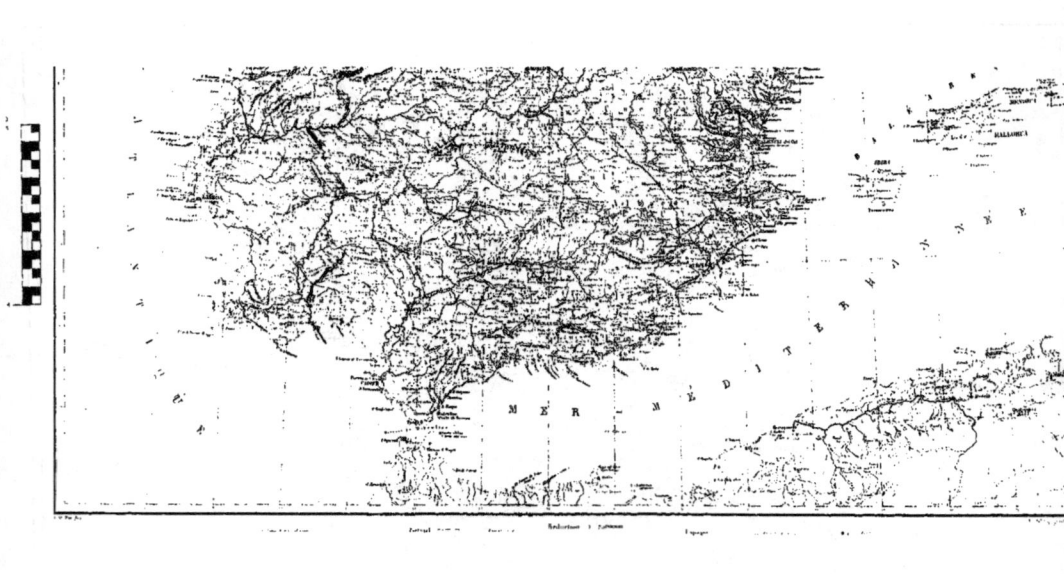

TABLE DES MATIÈRES

	Pages
INTRODUCTION	I-LI

CHAPITRE PREMIER. Etat des choses en 1808 et incidents divers. — Arrivée de Napoléon et du 6ᵐᵉ corps d'armée en Espagne. — Situation des forces en présence ... 1

CHAPITRE II. Combats et batailles de Burgos, d'Espinosa, de Tudela, de Sommo-Sierra. — Entrée de Napoléon à Madrid le 4 décembre 1808 ... 19

CHAPITRE III. Campagne de la Galice. — Défaite de Moore. — Prise de la Corogne. — Difficultés de Soult en Portugal, battu à Oporto. — Conflits entre Soult et Ney ... 40

CHAPITRE IV. Incidents divers concernant l'évacuation de la Galice. — Mission de Jomini au quartier impérial à Vienne pour la justifier. — Appréciations de Napoléon sur les affaires de la Péninsule ... 73

CHAPITRE V. Bataille de Talavera. — Bataille d'Almonacid. — Combats de l'Arzobispo, de Banos. — Nouveaux conflits entre les maréchaux français ... 89

CHAPITRE VI. Jourdan remplacé par Soult comme major-général. — Départ du maréchal Ney pour la France. — Combats de Tamamés et d'Alba Tórmes. — Bataille d'Ocana ... 116

CHAPITRE VII. Deuxième campagne d'Andalousie. — Prise de Séville, de Cordoue, de Malaga. — Echec devant Cadix, dont il faut faire le siège infructueux. — Décrets de Napoléon répartissant l'Espagne en commandements militaires. — Ses projets d'annexion des provinces de l'Ebre à l'Empire français 188

CHAPITRE VIII. Troisième invasion du Portugal, sous Masséna. — Bataille de Busaco. Lignes de Torrès-Vedras. — Retraite de Masséna. — Bataille de Fuentès-d'Honoro. — Bataille d'Albuera. — Siège de Badajoz par Wellington, et sa délivrance par Soult et Marmont réunis. — Siège de Ciudad-Rodrigo par Wellington, et sa délivrance par Marmont et Dorsenne réunis. — Brillants succès de Suchet dans l'Est, qui y gagne son bâton de maréchal et le titre de duc d'Albufera . . 151

CHAPITRE IX. Campagnes de 1812-1814. — Wellington s'étant emparé de Ciudad-Rodrigo et Badajoz, bat Marmont à Salamanque, prend Madrid et assiège Burgos. — Le roi Joseph, refoulé sur Valence, est rejoint par Soult et rentre à Madrid. — Wellington, replié sur Ciudad-Rodrigo, reprend l'offensive au printemps 1813, bat Joseph à Vittoria, et Soult à Toulouse. — Conclusion 186

APPENDICE. I. La convention de Lugo . . . 205
         II. Organisation des guérillas . . . 209

www.ingramcontent.com/pod-product-compliance
Lightning Source LLC
Chambersburg PA
CBHW070545160426
43199CB00014B/2378